FLORIBEC

ESPACE ET COMMUNAUTÉ

Collection
AMÉRIQUE
FRANÇAISE
N° 14

La collection « Amérique française » regroupe des ouvrages portant sur le fait français en Amérique, en particulier à l'exterieur du Québec, soit en Ontario, en Acadie, dans l'Ouest canadien et aux États-Unis. La collection, conformément à la philosophie de la maison d'édition, accueille des manuscrits de langues française ou anglaise.

Directeur :
Jean-Pierre Wallot, directeur du Centre de recherche en civilisation canadienne-française (CRCCF)

Déjà parus :
Côté, Ernest Adolphe, *Réminiscences et souvenances*, avec la collaboration d'Yvan G. Lepage, 2005.
Wallot, Jean-Pierre (dir.), *La gouvernance linguistique : le Canada en perspective*, 2005.
Dubé, Jean-Claude, *The Chevalier de Montmagny, (1601-1657) : First Governor of New France*, traduit par Elizabeth Rapley, 2005.
Wallot, Jean-Pierre (dir.), *Le débat qui n'a pas eu lieu. La Commission Pepin-Robarts, quelque vingt ans après*, 2002.
Dennie Donald, *À l'ombre de l'INCO. Étude de la transition d'une communauté canadienne-française de la région de Sudbury (1890-1972)*, 2001.
Huneault, Estelle, *Au fil des ans. L'Union catholique des fermières de la province d'Ontario, de 1936 à 1945*, 2000.
Blais, Suzelle (éd.), *Jacques Viger. Néologie canadienne ou Dictionnaire des mots créés en Canada et maintenant en vogue*, 1998.
Farmer, Diane, *Artisans de la modernité. Les centres culturels en Ontario français*, 1996.
Martel, Marcel, *Le deuil d'un pays imaginé. Rêves, luttes et déroute du Canada français catholique des fermières de la province d'Ontario, de 1936 à 1945*, 1997.
Toupin, Robert, *Les écrits de Pierre Potier*, 1996.
Halford, Peter W. (éd.), *Le français des Canadiens à la veille de la Conquête. Témoignage du père Pierre Philippe Potier, s.j.*, 1994.
Gaffield, Chad, *Aux origines de l'identité franco-ontarienne. Éducation, culture, économie*, 1993.

FLORIBEC

ESPACE ET COMMUNAUTÉ

Rémy Tremblay

Collection
AMÉRIQUE
FRANÇAISE

N° 14

2006

Cet ouvrage a été publié grâce à une subvention de la Fédération canadienne des sciences humaines de concert avec le Programme d'aide à l'édition savante, dont les fonds proviennent du Conseil de recherches en sciences humaines du Canada.

Les Presses de l'Université d'Ottawa remercient le Conseil des Arts du Canada et l'Université d'Ottawa de l'aide qu'ils apportent à leur programme de publication.

Nous reconnaissons également l'aide financière du gouvernement du Canada par l'entremise du Programme d'aide au développement de l'industrie de l'édition (PADIE) pour nos activités d'édition.

Catalogage avant publication de Bibliothèque et Archives Canada

Tremblay, Rémy, 1966-
    Floribec : espace et communauté / Rémy Tremblay.

(Collection Amérique française 1480-4735 ; n° 14)
Comprend des réf. bibliogr. et un index.
ISBN-13 : 978-2-7603-0609-7
ISBN-10 : 2-7603-0609-7

    1. Canadiens français—Floride—Conditions sociales. 2. Québécois—Floride—Conditions sociales. 3. Américains d'origine canadienne-française—Floride—Conditions sociales. 4. Touristes—Floride—Conditions sociales. 5. Français (Langue)—Aspect social—Floride. I. Titre. II. Collection.

F320.F85T732 2006   305.811'40759   C2005-907016-1

Révision linguistique : Nadine Elsliger
Correction d'épreuves : Marc Desrochers
Mise en pages : Brad Horning
Index : Rémy Tremblay

Maquette de la couverture : Johanna Pedersen

« Tous droits de traduction et d'adaptation, en totalité ou en partie, réservés pour tous les pays. La reproduction d'un extrait quelconque de ce livre, par quelque procédé que ce soit, tant électronique que mécanique, en particulier par photocopie et par microfilm, est interdite sans l'autorisation écrite de l'éditeur. »

© Les Presses de l'Université d'Ottawa, 2006
    542, avenue King Edward, Ottawa, Ontario, K1N 6N5, Canada
    puo-uop@uottawa.ca / www.presses.uottawa.ca

*À Eileen, Estelle et Marina,
avec toute ma tendresse*

TABLE DES MATIÈRES

Iconographie ix

Préface xi

Remerciements xv

Introduction 1

Chapitre 1
Les émigrants canadiens-français en Floride 13

Chapitre 2
Floribec à pied 35

Chapitre 3
Parler avec les Floribécois 65

Chapitre 4
Espace et communauté 113

Conclusion 127

Annexe 133

Bibliographie 137

Index 145

ICONOGRAPHIE

CARTES, FIGURES, TABLEAUX, PHOTOS

Carte 1
La localisation potentielle de Floribec à l'échelle
    de la région de Miami 4

Carte 2
Le nombre d'Américains d'origine canadienne-française
    par comté en Floride, 2000 24

Carte 3
Le nombre et la localisation des Américains d'origine canadienne-
    française dans le sud-est de la Floride, 2000 25

Carte 4
La localisation des répondants 72

Carte 5
L'origine de la clientèle des répondants 92

Carte 6
L'espace floribécois d'après les répondants 106

Carte 7
L'espace de la communauté floribécoise 118

Figure 1
Descriptions du Petit Québec dans deux guides
    touristiques américains et dans le *National Geographic* 2

Figure 2
Schématisation de l'espace floribécois selon la localisation des
    commerçants 30

Figure 3
L'espace des géosymboles floribécois 39

Tableau 1
Évolution historique de la Floride et de Floribec 17

Tableau 2
Nombre d'Américains d'origine canadienne-française à
   Hollywood, Floride, par unité de recensement, 2000 26

Tableau 3
Localisation des commerçants floribécois dans *Le Soleil
   de la Floride* et l'*Annuaire de la Floride 1994-1995* 27

Photo 1
Le *Boardwalk* 40

Photo 2
Le Québec Hairstyle 41

Photo 3
Le Frenchie's Café 42

PRÉFACE

Les pages qui suivent rendent compte de la vie quotidienne floribécoise au milieu des années 1990, c'est-à-dire lors des heures de gloire de la communauté. Mais depuis, Floribec a dramatiquement changé; la vie de langue française et de culture québécoise ne domine plus sur la plage de Hollywood. En vérité, elle s'est éteinte[1]. Comment expliquer ce déclin? Ici suivent les principaux facteurs qui, selon nous, sont attribuables à l'effritement de Floribec.

L'ÉTALEMENT URBAIN DE MIAMI

La démolition des motels par de riches promoteurs immobiliers locaux et latino-américains ne s'est pas limitée à Miami Beach. Ce phénomène a frappé de plein fouet Hollywood, dont Floribec (son espace est délimité plus loin dans cet ouvrage). À titre d'exemple, un immense complexe hôtelier de luxe a été construit à quelques kilomètres à peine du *Boardwalk*, et on prévoit démolir des motels floribécois situés sur la plage de Hollywood pour faire place à des condominiums de luxe.

DES FLORIBÉCOIS MOINS « POPULAIRES »

La classe socioprofessionnelle à laquelle appartiennent les Floribécois dérange la mairesse de Hollywood. Si dans les années 1980 elle appréciait les retombées économiques des touristes québécois, elle a réalisé au fil

---

[1] Ces affirmations reposent sur les observations de terrain de l'auteur, lesquelles ont été rapportées par plusieurs médias écrits et télévisés québécois, canadiens-anglais et américains.

des ans que, d'une part, ils projetaient une image peu reluisante de sa ville et que, d'autre part, Hollywood aurait intérêt à emboîter le pas aux villes voisines, qui s'orientent vers l'élite touristique. En termes strictement économiques (dépenses quotidiennes par touriste, taxes foncières, etc.), Hollywood n'a rien à gagner en gardant les Floribécois chez elle. La mairesse avait la ferme intention de redorer l'image touristique de sa ville, trop souvent victime de railleries de la part des médias locaux qui se moquaient constamment des Floribécois. Et elle y a réussi. Par exemple, elle a déjà posé un premier geste en démolissant une des plus importantes institutions de Floribec, le Frenchie's Café, situé au coin du *Boardwalk* et de la rue Johnson, et les petits commerces adjacents consacrés à la clientèle floribécoise. Depuis, Floribec a perdu son âme. L'ambiance floribécoise si chère aux touristes est pratiquement disparue. Le seul véritable moment où les Floribécois reprennent le contrôle de ce coin subtropical est lors du CanadaFest, événement annuel regroupant sur le *Boardwalk* des commerçants floribécois et des chanteurs du Québec, et attirant, d'après le *Miami Herald*, environ 100 000 visiteurs. Les leaders économiques floribécois ont sans doute compris le message de la mairesse. Même si certains prétendent que tout va bien à Floribec, les résidants permanents et les touristes, eux, savent très bien qu'il n'en est rien du tout.

FLORIBEC ET LA CONCURRENCE

Le dernier facteur qui nuit à la survie de Floribec serait la multiplication des destinations à prix abordables dans les Antilles, les Caraïbes et en Amérique centrale. Considérant que les amants de la Floride du Sud ne peuvent supporter des températures de moins de 25 °C[2], ces nouvelles destinations tropicales font énormément de tort à l'économie de Floribec.

Malgré tout, Floribec constitue un pan d'histoire du Québec des plus fascinants. Même si l'étalement urbain de Miami, les plans de

---

[2] Nos recherches ont démontré que les touristes qui adoptent Floribec ne fréquentent pas la côte Ouest de la Floride (St. Petersburg, Clearwater, etc.) parce qu'ils considèrent qu'il y fait trop froid. Les Québécois qui visitent d'autres régions de la Floride ne fréquentent pas Floribec parce qu'ils n'apprécient pas les Québécois qui la visitent et qui l'habitent.

la mairesse de Hollywood et l'apparition de nouvelles destinations touristiques abordables ont pratiquement mis fin à la communauté floribécoise telle qu'était dans les années 1990, celle-ci permettra aux chercheurs de mieux nous éclairer sur les motifs qui sont à la base de « la vie et de la mort » d'une communauté touristique transnationale intracontinentale.

REMERCIEMENTS

Pendant mes études doctorales et la rédaction de ce livre, j'ai pu compter sur le soutien de personnes remarquables.

Ma directrice de thèse, Anne Gilbert, a su répondre à mon attente, en plus d'être une amie sur laquelle je pouvais compter.

Mon épouse, Eileen, m'a été d'un soutien que je ne saurais décrire en seulement quelques lignes. Je me limiterai simplement à dire que sans son appui moral et ses nombreux encouragements, jamais je n'aurais pu terminer mes études dans les délais prévus. Eileen et mes filles Estelle et Marina ont été une source infinie d'inspiration, de motivation et d'affection. C'est avec tout mon amour que je les en remercie.

J'aimerais aussi remercier mes parents, car il n'a pas toujours été facile pour eux de voir leur fils être un éternel étudiant. Malgré cette curieuse réalité, ils ont prié pour que chaque étape de mes études de doctorat se déroule avec succès. Ils sont maintenant récompensés. C'est à eux que je dois ma passion pour la Floride et Floribec, car ils sont les premiers à m'avoir fait découvrir les multiples lieux de rencontre de cette communauté. Je veux qu'ils sachent que je les aime très fort.

Mes beaux-parents se sont aussi beaucoup intéressés à mes études. Ils m'ont aidé de bien des manières afin que tout se déroule sans trop d'embûches. Je leur en suis fort reconnaissant.

Je me dois en dernier lieu de remercier Anne-Hélène Kerbiriou pour avoir fait de son mieux afin de rendre ce manuscrit intelligible; Pierre Barriau pour avoir confectionné les cartes et schémas; Heather Ritchie des Presses de l'Université d'Ottawa pour avoir compris le sens de ce manuscrit; les Presses universitaires de Saint-Boniface et l'Institut national de recherche scientifique (INRS) pour m'avoir permis d'ajouter à ce manuscrit des extraits de mes publications éditées par eux; et enfin le Centre de recherche en civilisation canadienne-française (CRCCF) et la Faculté des arts de l'Université d'Ottawa pour leur précieuse aide financière.

INTRODUCTION

Comme l'a si bien démontré le géographe Christian Morissonneau (1983), la Floride fait dorénavant partie du territoire québécois. Lorsqu'un Québécois parle du Sud, il s'agit généralement de la Floride, et non de Valleyfield, de New York ou du Brésil. Depuis les années 1990, cette perception n'a jamais été aussi forte. En effet, jusqu'au milieu des années 1990, entre 500 000 et 700 000 Québécois en moyenne visitaient annuellement la Floride (Cluzeau, 1990; Clary, 1992), sans compter les quelque 100 000 autres Québécois qui y résident en permanence selon le dernier recensement. Alors que la plupart des émigrants canadiens-français sont dispersés à travers l'État de la Floride, environ 25 000 y sont concentrés dans le sud-est. Ceux-ci ont bâti un véritable espace ethnoculturel canadien-français dans la région de Miami, que nous appellerons ici Floribec.

Jusqu'à ce jour, autant les chercheurs américains que canadiens ont ignoré l'existence de Floribec. D'après nos recherches, le géographe Louis Dupont (1982; avec Gilbert et Louder, 1994) demeure le seul à avoir étudié la présence canadienne-française en Floride. Louis Dupont a remarqué non seulement un changement dans le type de Québécois qui fréquentent Floribec (passant de touristes à hivernants, auxquels sont venus s'ajouter des émigrants permanents), mais aussi une évolution dans les institutions francophones mises sur pied par et pour les Québécois hivernants ou résidants. On pourrait facilement conclure que ceci est le résultat du fait que les Canadiens français constituent une minorité blanche assez peu nombreuse et relativement invisible. Cependant, les spécialistes de guides et de magazines touristiques se sont montrés beaucoup plus perspicaces que les chercheurs universitaires à faire part de leurs impressions, flatteuses ou non, sur Floribec (figure 1).

Figure 1
Descriptions du Petit Québec dans deux guides touristiques américains et dans le *National Geographic*

About 380,000 Canadians visit Broward County each year, most of them flocking to the seaside towns of Hollywood, Dania, and Hallandale, south of the international airport. What attracts them and other tourists is the area's mildly European flavor—a hybrid of the French Riviera and Atlantic City. The Canadians tend to favor Hollywood and they usually stay until well after the other snowbirds have headed home. Each winter, the parking lots are full of cars bearing license plates from Saskatchewan, Ontario, and Quebec, and the lilt of the French-rolled "r" can be heard almost anywhere on the beach. In Hollywood, a shoreside stand called Frenchie's *sells poutine, a sticky mixture of cheese curds and French fries relished by some Quebecois.*

Source : *Miami & South Florida Access* (New York: Access Press by Harper & Collins, 1992), p. 106.

This 2¼ mile, 24-foot-wide, concrete ocean promenade is bordered by a bicycle path and lined with inexpensive outdoor cafés often featuring contemporary music. Bikes may be rented at various sites, and there is free music and dancing (the jitterbug and polka are favorites) at the Johnson Street bandstand Monday through Wednesday nights. This area has a strong Quebecois flavor and half the promenade signs are in French. Lifeguard stations are manned year-round. The Broadwalk extends south from North Beach Park (near Sheridan St.) to Harrison St.

Source : *Birnbaum's 96 Miami & Ft. Lauderdale* (New York: Harper Perennial, 1996), p. 78.

'The Sea belongs to whoever sits by the shore,' Canadian poet Louis Dudek observed. In Florida, where possession has long been at least nine-tenths of the law, Canadians, who have no south of which they can speak warmly, have established a firm beachead. When the winter wind howls in Montreal, some 350,000 snowbirds fly to their favorite rookery in Hollywood, Florida, the Atlantic coast resort where the best of all things are savored in French. ... Hollywood advertises not heated pools but piscine chauffée. Hockey games from home are televised in bars and hotels, and a French-language radio station broadcasts from the beach back to Quebec. ... "People spend six months here and never speak a word in English," says Jean Laurac Thomas, editor of Le Soleil de la Floride. ... Long term or short, a good many Canadians have found their place in the sun.

Source : *National Geographic*, vol. 177, n° 2 (février 1990), p. 116-117.

FLORIBEC ET LES FLORIBÉCOIS

Mais qu'entendons-nous par « Floribec »? Il s'agit d'un néologisme apparu pour la première fois, à notre connaissance, dans le *Miami Herald* vers la fin des années 1970. Dans le cadre de notre recherche, nous l'utilisons pour faire référence à l'espace des émigrants et des touristes canadiens-français, dont les activités économiques et la vie quotidienne sont principalement orientées vers le tourisme canadien-français du sud-est de la Floride. Les touristes en sont véritablement la raison d'être et jouent un rôle-clé dans les échanges qui prennent place dans les lieux structurants de Floribec et dans le maintien de ses institutions. Nous employons aussi le terme « Floribécois » pour nommer la communauté que ces émigrants et touristes forment en banlieue de Miami.

Durant ses heures de gloire[1], cette enclave floribécoise, née du tourisme, s'étend sur près de 50 km. Son centre se situe au sud-est du comté de Broward, dans le secteur formé par les villes de Hollywood, de Dania et de Hallandale (carte 1). C'est dans ces trois villes que se situe la majorité des commerces offrant des produits et services destinés aux Floribécois et aux touristes canadiens-français. On réfère souvent à ce cœur économique de la communauté floribécoise que sont Hollywood, Dania et Hallandale comme le « Petit Québec » de la Floride. Nous avons parfois utilisé l'expression dans cet ouvrage.

Ajoutons enfin que même si la très grande majorité des touristes et émigrants qui ont adopté Floribec proviennent du Québec, et si les touristes qui donnent vie à Floribec sont presque exclusivement des Québécois, nous avons utilisé l'adjectif « canadien-français » pour faire référence à leur déplacement vers Floride. En effet, ce déplacement s'inscrit à notre avis dans la foulée du vaste mouvement de migration canadienne-française à l'échelle du continent qui a donné naissance à de nombreuses communautés francophones aux États-Unis, dont Floribec, une des plus récentes. Le choix de ce terme s'explique d'autant plus que le recensement des États-Unis quantifie l'émigration d'origine canadienne-française sans en distinguer celle d'origine québécoise.

---

[1] Floribec et son centre se sont pratiquement éteints depuis 2000. L'objet de ce livre est de présenter les moments forts de cette communauté et non sa quasi-disparition. Pour en savoir davantage sur la mort de Floribec, on peut lire Tremblay et O'Reilley, 2004.

Carte 1
La localisation potentielle de Floribec à l'échelle de la région de Miami

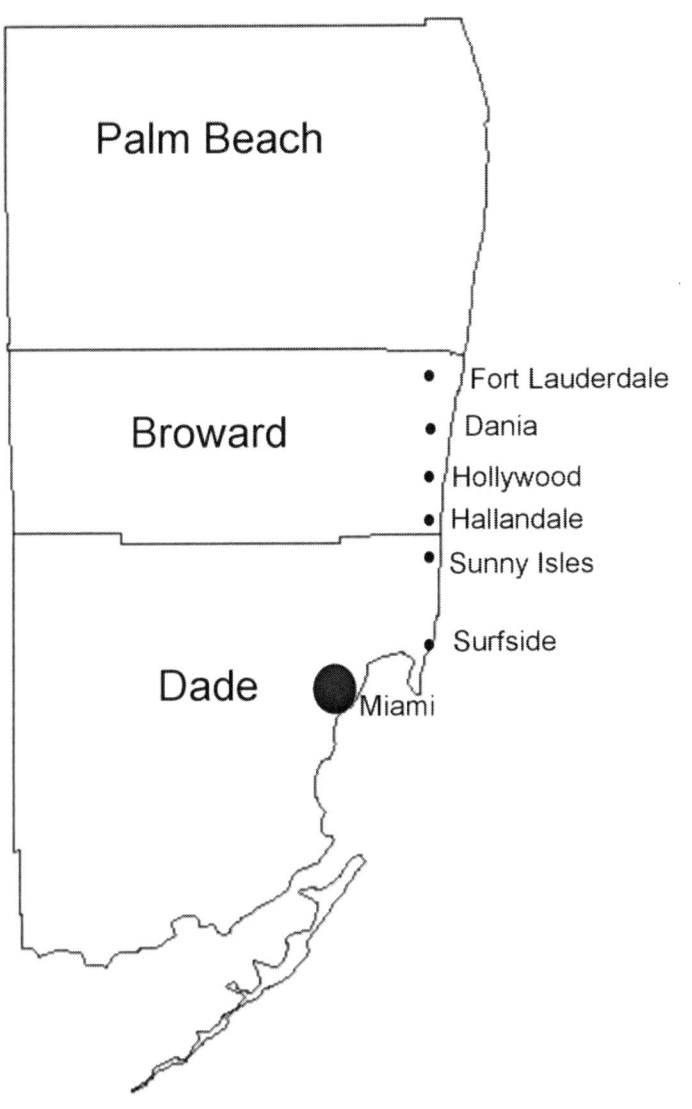

UNE APPROCHE MÉTHODOLOGIQUE QUALITATIVE

Dans ce livre, nous opterons largement pour une approche méthodologique qualitative[2]. Nous croyons impératif d'introduire brièvement cette approche.

Plusieurs géographes ont été attirés par les multiples voies philosophiques et méthodologiques de l'humanisme, qui s'éloigne à certains degrés des règles empiristes et déterministes (Baxter et Eyles, 1997). Bien que le courant humaniste, expression plus large et moins technique que celle de phénoménologie (Claval, 1984, p. 115), tire en partie son origine de l'école vidalienne et de la sociologie urbaine de Park à l'Université de Chicago, c'est à partir des années 1970 que ce mouvement a véritablement pris son envol, en réaction au positivisme (Pocock, 1984, p. 139).

Dans le but de comprendre comment les individus perçoivent le monde qui les entoure, des géographes tels que Lowenthal (1961), Tuan (1974), Buttimer (1976) et Relph (1976), parmi d'autres spécialistes des sciences sociales, ont développé des approches originales. Ainsi, la géographie française est retournée au concept de « genre de vie » élaboré par Vidal de la Blache, duquel s'inspire largement le concept d'« espace vécu » (Frémont, 1976). Les géographes anglo-saxons ont développé des concepts tels « *social space* » (Buttimer, 1969), ou « *taken-for-granted life* » (Ley, 1977), qui ont permis de mieux saisir la nature des liens qui unissent les individus à leur espace de vie.

Ils ont aussi fait appel à tout un ensemble de méthodes jusqu'ici peu utilisées par les géographes. Parmi celles-ci, on peut mentionner les observations participantes, méthode qui exige de l'enquêteur de s'investir dans le groupe ou la communauté qu'il étudie (Ley, 1974), et la collecte de récits de vie (Rowles, 1988; Eyles et Perri, 1993).

Ces méthodes ont permis aux géographes de recueillir des informations diverses sur les perceptions qu'ont les individus et les collectivités à propos de leur espace de vie, des valeurs qu'ils lui associent, et du sens qu'ils lui prêtent. Dans certains cas, des géographes inspirés par les méthodes qualitatives iront jusqu'à mettre au jour l'affection que ressent un individu pour l'espace qu'il habite

---

[2] Pour un bon compte rendu de l'humanisme en géographie, voir le texte récent de Bailly et Scariati (1998).

(Rowles, 1988). C'est exactement dans cette perspective que se situe notre recherche. Nous voulons nous rapprocher le plus possible des Floribécois afin de comprendre comment ils perçoivent les milieux de leur vie quotidienne, et les représentations qu'ils s'en font en tant qu'émigrés et nouveaux résidants du sud de la Floride. De plus, les informations que nous avons réunies ont permis de répertorier les lieux auxquels ils s'identifient et auxquels ils associent la communauté floribécoise.

Ainsi, les travaux de géographes sociaux tels que Eyles, Ley, Buttimer et Frémont nous ont grandement inspiré dans l'élaboration de notre méthode d'enquête sur le terrain et d'interprétation des résultats. Nous en traiterons en détail plus loin, en attirant notamment l'attention de nos lecteurs sur l'étude des géographes John Eyles et Eugenio Perri (1993). Ceux-ci ont réalisé une enquête à Hamilton, en Ontario, dans le but de connaître le niveau de rétention de la culture d'origine d'une famille italo-canadienne, et ce, à travers le temps et dans un espace donné. Les auteurs ont adopté les récits de vie comme outil d'analyse. D'après Eyles et Perri, la méthode fut concluante et l'étude a révélé des éléments-clés de l'expérience des familles étudiées[3].

UNE APPROCHE SOCIOGÉOGRAPHIQUE

Depuis plus d'un siècle, la géographie sociale se dote d'outils théoriques et méthodologiques afin de pouvoir analyser les défis auxquels font face les groupes sociaux et les sociétés dans l'espace et dans le temps[4]. Comme l'indique si bien Guy Di Méo (1998; 2001), la géographie sociale permet de fournir une explication des faits géographiques à caractère social. Mais qu'est-ce que la géographie sociale? Dans le numéro spécial

---

[3] Pour les auteurs, il ne fait pas de doute que les « ... *qualitative methods, the summary term for the ways of exploring experiences and meanings, can be seen as important in their own right (but not necessarily on their own), helping define the role of research as the uncovering of the nature of the social world through an understanding of how people act in and give meaning to their own lives* ... » (p. 106).

[4] Pour un survol de l'évolution de la géographie sociale, on peut lire Rémy Tremblay (2003a).

de la revue *L'Espace Géographique* de 1986, plusieurs auteurs l'ont définie selon leur orientation philosophique propre. Si ces définitions variaient, elles partageaient toutes ceci en commun : elles mariaient le géographique au social.

Dans un ouvrage du géographe R.J. Johnston (1987, p. 1), on peut lire dès la première ligne : « *A major problem for anybody setting out to review some aspect of social geography is that it lacks a clear definition.* » Le géographe Robert Hérin (1982, p. 16) mentionne quant à lui qu'« il importe [...] de travailler à définir la géographie sociale et de la situer dans la géographie [mais que] la tâche n'est pas facile, en raison de la diversité, voire de l'incompatibilité des géographies sociales telles qu'elles sont définies par R. Rochefort et P. Claval par exemple ». En effet, comme l'a écrit John Eyles (1986, p. 1), la géographie sociale, bien qu'elle ait plus de cent ans, n'est cependant pratiquée en Europe et en Amérique que depuis un quart de siècle.

Cette réalité peut être due au fait que les géographes qui ont proposé un historique de la géographie sociale se sont trop souvent limités à couvrir l'évolution de celle-ci dans leur propre pays ou dans leur langue seulement. Il y a certes quelques exceptions, comme par exemple Peter Jackson (1993, p. 562-563) qui, dans sa brève description de la géographie sociale pour le dictionnaire de géographie humaine de Johnston (1993), réfère à des « non-Anglo-Américains » tels que Kropotkin et Reclus. Mais en général, les définitions restent ethnocentriques, si bien qu'il est difficile de se faire une idée juste de ce que l'expression « géographie sociale » englobe.

On pourrait également se poser la question suivante : qui est à l'origine de la géographie sociale? Selon Jackson (1993), Eyles (1986) et Hérin (1982), il semblerait que Reclus en soit le précurseur, bien que Claval (1973; 1984) retrace le concept jusqu'à Hérodote. Toutefois, on s'entend pour dire que c'est Le Play qui a introduit ce champ de la discipline sans toutefois le nommer. Quant à Vidal de la Blache, il n'ignorait pas le terme. Mais, ne voyant pas sa discipline comme une science exclusivement sociale, il ne sentait pas le besoin de mettre la géographie sociale sur un piédestal. Max Sorre, souvent accusé d'être l'un de ceux à l'origine du clivage entre la géographie physique et humaine, a pour sa part montré un intérêt considérable pour la géographie sociale. Son ouvrage *Rencontres de la géographie et de la sociologie* (Sorre, 1957) est le premier du genre de langue française à traiter explicitement de la géographie sociale. D'autres géographes français suivront ses traces, dont René Rochefort (*Le travail en Sicile, étude de géographie sociale* [1961]), Pierre George (*Sociologie et géographie* [1966]), Paul Claval (*Principes de géographie sociale* [1973]), Armand Frémont *et al.* (*Géographie sociale* [1984]), et jusqu'à plus récemment Guy Di Méo (*Géographie sociale et territoire* [1998]).

Pour notre part, la perspective que nous appellerons dans cet ouvrage la « sociogéographie » s'inspirera de celle de Max Sorre. Il s'agira d'une géographie dont le but principal est l'analyse des rapports entre l'espace et les populations qui l'habitent, et qui se situe, tant par son objet, ses concepts, ses méthodes et ses techniques de recherche, à la charnière de la sociologie et de la géographie.

Ce regard sociogéographie sur la communauté floribécoise visera à démontrer les rapports qu'entretiennent les individus regroupés au sein de communautés avec les lieux et l'espace qu'ils occupent. Il s'inspirera d'approches théoriques, de concepts et de méthodes à la fois géographiques et sociologiques. Ainsi, il s'attachera aux interactions sociales et aux lieux où elles se font, pour comprendre comment la communauté se vit au jour le jour. Il devra faire une large place à l'étude des représentations, telles qu'elles se forment au gré de la vie quotidienne. Les méthodes ethnographiques sont celles que nous considérons les plus appropriées pour rendre compte des rapports sociospatiaux qui se tissent au sein de la communauté, puisque ceux-ci sont largement subjectifs. Cette approche sociogéographique se veut délibérée, modeste et sans grande prétention théorique.

VOIR FLORIBEC COMME UNE COMMUNAUTÉ

Le concept de communauté est lourd d'ambiguïté. Si on atteint un consensus minimum sur le sens général du concept, on n'a jamais réussi à s'entendre sur les paramètres qui en déterminent la base. Le rôle joué par le territoire dans la formation et l'existence de la communauté laisse perplexes les chercheurs, surtout les sociologues[5]. Les avis divergent

---

[5] Une littérature abondante existe sur le concept de communauté. Selon nous, le sociologue Barry Wellman est un de ceux qui a le mieux réussi à cerner la dimension territoriale que l'on peut associer à ce concept.

sur les dimensions spatiales de la communauté; pour les uns, elle s'enracine dans le territoire, alors que, pour les autres, elle ne repose que sur les liens qui unissent les individus. Depuis les années 1990, les chercheurs ont renouvelé leur intérêt pour le concept de communauté, car il est source de maints conflits sociaux. Mais les spécialistes ont de la difficulté à l'appliquer empiriquement étant donné sa trop grande imprécision (Wood Jr et Judikis, 2002, p. 11).

Selon nous, les géographes disposent des outils théoriques et méthodologiques nécessaires pour étudier cette question. La géographe Anne Buttimer (1969, 1972) a proposé un concept qui offre une solide base pour aborder la problématique de l'espace communautaire. L'idée d'espace social suggère que : les individus sont reliés entre eux par l'entremise de réseaux sociaux; ces lieux prennent forme à l'échelle de la vie quotidienne; ces lieux sont sources d'identification. Intuitivement, Buttimer laisse entrevoir que l'espace social ne peut être circonscrit à l'intérieur des limites d'un espace formel. Cette façon d'entrevoir l'espace social a inspiré notre vision de la communauté. Mais nous pensons que pour dévoiler les bases géographiques de la communauté, il faut aller beaucoup plus loin qu'elle ne l'a fait dans la mise au jour des liens d'appartenance aux lieux et aux espaces.

Ainsi, nous considérons que la communauté, en milieu urbain ou en banlieue, est formée d'un groupe d'individus ayant des interactions étroites dans le cadre de leur vie quotidienne, et qui se regroupent autour de lieux qui reflètent les liens socioculturels qui l'unissent. L'espace de la communauté correspond essentiellement à l'étendue des réseaux sociaux personnels et d'affaires des individus. Ces réseaux sont les supports sociospatiaux autour desquels gravitent les activités quotidiennes des individus qui animent la communauté. En outre, la communauté ne peut se définir sans tenir compte du sens que ses membres lui prêtent, puisqu'elle traduit leur attachement commun aux lieux autour desquels se structure le groupe et qui lui confèrent son identité (Tremblay, 2004).

Cette définition est divisée en trois parties. La première met en relief l'aspect le plus évident de la communauté, c'est-à-dire le fait qu'elle a été mise sur pied par des gens ayant des interactions de nature sociale et culturelle très étroites. Le second paragraphe porte sur l'aspect spatial de la communauté et les bases sur lesquelles elle s'organise et s'articule. En dernier lieu, la définition met en évidence ce qui caractérise la communauté : l'attachement des membres de la communauté les uns envers les autres à la faveur d'un espace de vie quotidienne communautaire, et l'identité qu'ils en tirent.

À notre avis, cette définition de la communauté, à laquelle nous nous référerons tout au long de l'ouvrage, permet de considérer à leur plus juste valeur les dimensions les moins connues de la communauté, c'est-à-dire celles qui touchent à ses ancrages géographiques physiques, tels que les restaurants, et non physiques, comme la télévision et les journaux. Elle en considère et les éléments objectifs, à travers l'espace des pratiques, et les éléments subjectifs, à travers l'espace d'appartenance. Et surtout, elle montre comment l'un et l'autre se confondent dans la vie quotidienne.

Ainsi, à travers cette lentille sociogéographique de la communauté, nous étaierons notre hypothèse sur Floribec, soit qu'il prend forme à travers la fréquentation de nombreux commerces et autres lieux structurants de la vie communautaire, qui constituent l'assise spatiale de la communauté. Ces lieux, dont plusieurs font office d'institutions, jouent un rôle primordial comme foyers de vie collective. La plupart de ces lieux sont concentrés dans un périmètre relativement restreint le long de la plage de Hollywood. Mais l'espace de la communauté déborde ce périmètre et s'étend jusqu'au Québec. Cependant, les limites de cet espace sont difficiles à tracer. De fait, la « frontière » de la communauté est graduelle puisqu'elle repose sur les pratiques de milliers d'individus, qui varient fortement de l'un à l'autre. Chacun, selon ses besoins, fréquente à des degrés divers les lieux qu'on associe à la communauté floribécoise.

LES OBJECTIFS DE L'OUVRAGE

Dans cet ouvrage, nous nous fixons comme objectif de répondre à trois questions générales.

Lieux structurants
Si nous considérons que les lieux de rencontre et les espaces sont fondamentaux dans la formation d'une communauté, il s'avère d'abord essentiel de repérer les principaux lieux autour desquels se structurent les pratiques quotidiennes à Floribec. Quels sont les lieux où se rencontrent les membres de la communauté? Comment Floribec est-il organisé sur le plan sociospatial?

Espace d'appartenance

Quel est l'espace que les Floribécois associent à la communauté? S'agit-il d'un espace continu, bien délimité, ou prend-il une forme plus éclatée, au gré des multiples réseaux auxquels participent les membres de la communauté? Jusqu'à quel point les espaces de vie et d'appartenance se superposent-ils?

Liens culturels

La communauté de Floribec, bâtie surtout autour de la langue, entretient des liens étroits avec le Québec. Certes, le tourisme québécois joue un rôle déterminant dans la survie de Floribec, mais les télécommunications ne peuvent dorénavant être ignorées. On en vient ainsi à se demander si les télécommunications qui relient Floribec au Québec ne constituent pas une technologie fondamentale à la survie de Floribec.

L'ORGANISATION DE L'OUVRAGE

Floribec sera présenté au chapitre 1 alors que nous ferons le lien entre l'Amérique française et celui-ci. Nous verrons ensuite où se situe ce noyau canadien-français dans le temps et dans l'espace sud-floridien, et par qui il est habité.

À partir d'observations de terrain, nous proposerons ensuite notre vision de Floribec, et nous nous poserons les questions suivantes : quels sont les lieux structurants floribécois? où sont-ils et quelle est leur importance? comment Floribec est-elle organisée spatialement? Ces questions et leurs réponses feront l'objet du chapitre 2.

Au chapitre 3, nous dévoilerons une vision de l'intérieur de Floribec, et ce, à partir des résultats de l'enquête réalisée auprès de commerçants floribécois. Cet exercice permettra de mieux cerner l'organisation spatiale de la communauté, telle que révélée par l'analyse des comportements quotidiens des Floribécois et de leur sens des lieux.

Le chapitre 4 aura pour but de synthétiser ce qui viendra d'être évoqué aux chapitres précédents à propos des liens entre l'espace et la communauté.

En guise de conclusion, nous suggérerons quelques hypothèses sur l'avenir de Floribec.

CHAPITRE 1

LES ÉMIGRANTS CANADIENS-FRANÇAIS EN FLORIDE

Un grand nombre de chercheurs, provenant de plusieurs disciplines, ont écrit sur l'Amérique française. C'est pourquoi une variété de publications existe traitant des foyers francophones de cet archipel, et des multiples aspects socioculturels qui caractérisent chacun d'eux. Mais, sauf quelques géographes de l'Université Laval, peu ont abordé l'Amérique française dans son ensemble.

L'objectif ici ne sera pas de refaire l'histoire de l'Amérique française. Nous considérons plus utile de brosser un tableau géographique des grands traits de l'Amérique française, pour finalement déboucher vers ce que l'on appellera « le dernier arrêt » : Floribec.

L'Amérique française

Les géographes de l'Université Laval Dean Louder, Cécyle Trépanier et Éric Waddell (1994) ont réalisé une fort belle géographie de l'Amérique française. Selon eux, l'Amérique française compte trois foyers : le Québec (fondé en 1608), l'Acadie (1604) et la Louisiane (1682). Si le foyer acadien demeure un territoire imaginaire, fragmenté et dont la population veut acquérir un statut juridique, et si le foyer louisianais semble, à certains égards, à bout de souffle, le foyer québécois, lui, s'impose comme une société distincte à l'intérieur du Canada (Louder, Trépanier et Waddell, 1994, p. 187-194). Les auteurs ajoutent un élément fondamental à propos du Québec : celui de la mobilité des Québécois, démontrée par les travaux de Morissonneau (1978). En effet, des centaines de milliers de Québécois n'ont pas hésité, au XIXe siècle et dans la première moitié du XXe siècle, à quitter leur propre territoire pour en découvrir d'autres, plus attrayants économiquement. Ils ont plié bagages, en grand nombre, pour l'Ontario français (Gilbert, 1999), pour la Nouvelle-Angleterre (Louder, 1991), puis pour les Prairies canadiennes (Viaud, 1999). Dans les années 1970 et 1980, ce sera le pétrole de l'Alberta qui attirera plusieurs Québécois (Stebbins, 1994). Le sud de la Floride a aussi été une terre de prédilection pour les Québécois (touristes et émigrants). On observe donc que les Québécois ne sont pas aussi sédentaires que la croyance populaire le laisse entendre. L'histoire du Québec révèle à quel point l'émigration fait partie de la culture de son peuple. Le géographe français Paul Claval (1980) écrit, concernant la mobilité des Québécois :

> On [les Québécois] s'est habitué à participer à la vie d'un vaste espace ouvert à tous les mouvements et l'on sait les avantages. On aime partir l'hiver vers la Floride, faire un tour vers l'Ouest américain, et l'on aime le faire sans jamais se sentir tout à fait étranger : on est citoyen canadien et, de ce fait, traité comme un hôte privilégié par les Américains (p. 41).

Il ajoute aussi :

> Beaucoup de Canadiens français savent que la meilleure manière de réussir, c'est à certains moments de l'existence, ou définitivement, de changer de communauté et de langue et de s'installer au Canada anglais ou aux États-Unis. Dans ce sens, l'espace québécois est très profondément intégré à l'ensemble de l'espace nord-américain. Ce n'est pas seulement le jeu des investissements américains ou canadiens-anglais qui soude le Québec au reste de l'Amérique du Nord, c'est l'ensemble des habitudes de mouvement d'une population qui s'est habituée à vivre dans une dualité d'horizons, ceux, étroits, de la partie réellement francophone, et ceux, immenses, qui s'ouvrent dès que l'on change de langue (p. 42).

Il est intéressant aussi de noter que la Floride occupe une place marginale dans le monde de la recherche universitaire sur l'Amérique française. En fait, rien de tangible n'a encore été écrit sur l'histoire des Canadiens français dans cet État. À notre avis, le nombre de migrants vers la Floride, les motifs de leur migration vers cet État du sud des États-Unis et la place qu'ils occupent dans les représentations culturelles québécoises font en sorte que ce pôle de la vie française en Amérique du Nord devrait recevoir une attention particulière dans la schématisation des chercheurs. À notre avis, notre recherche contribuera à la connaissance de la francophonie hors-Québec en y ajoutant une communauté qui, jusqu'à maintenant, est restée méconnue. Floribec, avec ses institutions et ses services qui, dans les années 1990, sont plus nombreux et plus solides que dans bien d'autres milieux francophones, et avec ses centaines de milliers de touristes québécois annuellement, devra dorénavant apparaître sur les cartes et schémas. La preuve de son dynamisme et de son rôle aura été faite.

Et ce qui ressortira surtout, c'est un autre type de milieu de vie français, plus urbain, et qui se relie de façon originale au foyer québécois.

La Floride : dernier arrêt

Christian Morissonneau (1983) a été le premier géographe à souligner l'importance de la Floride dans l'Amérique française. Il s'est attardé à dessiner le territoire du Québec á partir d'une carte mentale qui renseigne très bien sur la perception québécoise du continent nord-américain. Si la perspective est largement montréalaise, elle n'en représente pas moins l'idée que se font bon nombre de Québécois de l'Amérique du Nord :

> Le Nord, ou plutôt les Nords ont pour les Québécois une signification différente selon la région où ils habitent. Par exemple, pour un Montréalais, le Nord se rapporte au mont Tremblant.
>
> L'Est et l'Ouest se situent dans les limites de la grande région de Montréal. L'Est comprend les secteurs populaires montréalais alors que l'Ouest fait penser aux quartiers anglophones et bourgeois de cette même ville. Il y a pour le Montréalais un autre Ouest, celui des Prairies et des Rocheuses canadiennes.
>
> Le Sud est le point cardinal qui nous intéresse, et le seul qui se trouve à l'extérieur des frontières canadiennes. En effet, Morissonneau considère qu'il n'y a pas de Sud au Québec; le sud québécois, c'est la Floride. Par le passé, on a associé ce point cardinal à la Nouvelle-Angleterre. Mais maintenant que les « Petits Canadas » sont pratiquement disparus, le « Petit Québec » du sud de la Floride a pris la relève dans l'imaginaire collectif québécois.

Si nous ne faisons que commencer à reconnaître la place de Floribec dans le cadre de la « franco-américanie », son histoire, elle, bien que très peu connue, n'est pas récente.

C'est à Louis Dupont (1983) que l'on doit la première recherche sur la Floride canadienne-française. En effet, dans une thèse de maîtrise en géographie préparée à l'Université Laval, Dupont a jeté les bases de l'étude de cet espace de migration et de tourisme québécois à travers une exploration des lieux et du style de vie floribécois. Plus tard, il revisitera Floribec afin de rendre compte de ses transformations majeures (Dupont, Gilbert et Louder, 1994; Tremblay, 1995). Personne n'a étudié à fond Floribec depuis les travaux de Louis Dupont.

Le tableau 1, tiré de Dupont, Gilbert et Louder (1994), offre un très bon aperçu de l'évolution historique de la présence canadienne-française en Floride. On y observe d'abord que c'est véritablement à partir des années 1930 que les Canadiens français commencent à émigrer en Floride. Cette émigration est le fruit des investissements du gouvernement américain, qui, à l'époque de la crise économique, décide d'améliorer la canalisation des marais du sud-est de la Floride (canal de quelques centaines de kilomètres appelé Intercoastal Waterway), et du même coup d'y développer l'infrastructure touristique. Des milliers d'Américains se rendront dans l'État du soleil pour travailler sur ce grand projet de construction, y compris des Franco-Américains de la Nouvelle-Angleterre, dont certains seront accompagnés de leurs cousins canadiens-français.

Une fois les travaux de construction terminés, plusieurs travailleurs d'origine canadienne-française s'établiront en permanence dans la région de Miami, plus précisément à Surfside, qui est situé dans l'est du comté de Dade (Miami métropolitain), sur les rives de l'Atlantique, ainsi qu'à North Miami. Après la Deuxième Guerre mondiale, on comptait 67 000 familles canadiennes-françaises et franco-américaines dans l'État de la Floride.

Ces nouveaux résidants permanents, surtout localisés à Surfside et à Sunny Isles, se recycleront dans l'industrie touristique pour deux raisons simples : la Floride, et en particulier Miami, mise sur cette industrie, et un nombre croissant de Canadiens français fortunés visitent cet État. Selon les géographes Dupont, Gilbert et Louder (1994), ce tourisme suscitera la première vague de migration massive de Québécois vers la Floride du Sud. Il ne fait pas de doute, selon nous,

Tableau 1
Évolution historique de la Floride et de Floribec

Années	Floride	Population francophone
1819-1930	Peuplée au nord	Bélandrville (nord-ouest), 500 personnes
1930-1946	Peuplement de la partie sud (New Deal)	1946 : 19 800 résidants parlent français
	Développement de l'industrie touristique, multiplication des stations balnéaires	67 000 familles, Canadiens français et Franco-Américains; publication d'un hebdomadaire (North Miami Beach, Surfside)
1946-1960	Industrie touristique de masse, influx massif de capitaux dans l'État	1re vague de migrants québécois, Surfside et Sunny Isles
1960-1970	Migration américaine vers les États du *Sun Belt*, développement majeur sur la côte ouest de la Floride	2e vague de migrants québécois; Hollywood devient la destination favorite des Québécois
1970-2000	Hyperurbanisation du sud de la Floride; violence, crime; mouvement vers le nord du comté de Dade; hispanisation massive	Déplacement vers le nord; troisième vague d'investisseurs et acheteurs de condominiums (libre-échange)
Depuis 2000	Construction massive de condominiums de luxe sur les plages du sud de la Floride	Démolition de plusieurs commerces et motels sur la plage de Hollywood pour faire place à des hôtels luxueux. Fuite des touristes de Hollywood, Hallandale et Dania. Fermeture de commerces québécois à Floribec (Hollywood et Dania)

Sources : L. Dupont, A. Gilbert et D.R. Louder (1994), et R. Tremblay (2003b).

que cette première vague, qui s'est déroulée entre 1946 et 1960, est à l'origine de Floribec comme nouveau foyer de l'Amérique française.

On assista, entre 1960 et 1970, à une seconde vague de migration québécoise vers la région de Miami. Cette migration s'explique par deux phénomènes. D'abord, il y a eu l'enclenchement de la révolution tranquille au Québec, laquelle a favorisé une plus grande ouverture du Québec sur le monde, et une pratique de loisirs plus variée par les Québécois. Le tourisme de masse s'est développé. Les gros porteurs aériens (Boeing 747), les *interstates* américaines, le développement rapide des villes américaines du *Sun Belt*, dont Miami, sont tous des facteurs ayant largement contribué à l'explosion du tourisme en Floride, et par le fait même à l'augmentation considérable du nombre de touristes québécois. Miami Beach, Surfside et Sunny Isles deviendront les stations balnéaires privilégiées par ces derniers. C'est là que des Floribécois commenceront à faire des affaires, essentiellement orientées vers le tourisme en provenance du Québec, mais surtout dépendantes de ce tourisme. Ils possèderont surtout des motels, des restaurants, des bars et des dépanneurs, sachant très bien qu'il existe un réel désir chez les touristes québécois de voir ce type d'entreprises offrir ses services en français, et idéalement en fonction de leurs propres besoins culturels (information, alimentation, etc.).

Ainsi, avec la mise sur pied de certains services offerts en français par des Québécois et pour des Québécois, on observe de plus en plus, dans les années 1970, une concentration de touristes et de résidants à Surfside et à Sunny Isles, notamment sur la *Collins*. Il devient alors évident que la destination touristique favorite des Québécois est non seulement accessible financièrement, mais aussi sur le plan culturolinguistique, car la barrière qu'est la langue anglaise ne se pose plus vraiment en obstacle. Les hôtels Thunderbird, Suez, Waikiki et Colonial étaient tout aussi connus que le Fontainebleau, qui avait servi de plateau lors de tournages de films mettant en vedette Elvis Presley et Sean Connery (*James Bond*).

Mais à partir des années 1980, cet espace floribécois gravitant autour de Surfside et de Sunny Isles se déplacera. Miami, paradis du soleil, se transformera en paradis des vices, comme l'a si bien popularisé la série américaine développée à cette époque : *Miami Vice*. Après avoir fait le bonheur de la mafia dans les années 1920-1930, Miami deviendra le lieu de rassemblement des trafiquants de drogues et un centre de conflits raciaux (Boswell, 1991). Elle sera couronnée « capitale de l'Amérique latine » non seulement parce qu'elle deviendra la plaque tournante de l'Amérique latine avec sa centaine de banques latino-américaines, mais aussi parce qu'elle attirera, dans son centre, des centaines de milliers de Cubains et autres Hispaniques. Ceci causera un exode majeur des WASPs (*White Anglo-Saxon Protestants*) vers les comtés de Broward et de Palm Beach (partie nord de la région de Miami), et laissera toute la place voulue aux Hispaniques. Les touristes, incluant les Québécois, et les Floribécois suivront les WASPs.

Vers la fin des années 1980, les stations balnéaires[6], habituellement fréquentées par les Québécois, connaissent un certain déclin. Il y a une exception cependant : le quartier Art déco de Miami Beach, le plus imposant du genre en Amérique du Nord, qui passe d'un milieu de désolation à un des plus grands centres internationaux de la haute couture et de la mode (Warren, 1990). Il attire les grandes vedettes du cinéma et les mannequins du monde entier. Madonna y possède un hôtel de luxe. En fait, la plupart des hôtels de Miami Beach sont très luxueux, tout comme les copropriétés qui y poussent. On comprend donc que les Québécois s'y font rares maintenant : ils cèdent la place aux Européens et aux artistes.

UN ESPACE EN MOUVEMENT

À partir des années 1980, la région de Miami a connu des bouleversements importants. Le brassage ethnique en est un. Le tourisme en est un autre : Disney World attire dorénavant en Floride plus de touristes que tout autre site ailleurs aux États-Unis (près de 50 millions annuellement), obligeant Miami à refaire son image. Les touristes et les résidants permanents québécois, eux, toujours fidèles au sud de la Floride, s'ajustent à ces changements et suivent le mouvement des WASPs vers le nord du grand Miami.

---

[6] Une littérature abondante existe sur le concept de communauté. Selon nous, le sociologue Barry Wellman est un de ceux qui a le mieux réussi à cerner la dimension territoriale que l'on peut associer à ce concept.

Le Miami ethnique

Plusieurs chercheurs se sont intéressés à la région de Miami, et un grand nombre d'articles écrits par des géographes traitent des problèmes sociospatiaux engendrés, entre autres, par l'arrivée massive de Cubains dans le sud de la Floride (Tremblay, 1997).

Cette partie de la Floride a connu d'importants changements démographiques, sociaux et culturels. La population de l'agglomération de Miami (aussi appelée South Florida), composée des comtés de Dade (Miami), de Broward (Fort Lauderdale) et de Palm Beach, a presque doublé, passant de 2,2 millions d'habitants en 1970 à 3,8 millions en 2000. Et durant cette même période, la population du comté de Dade est passée de 1,3 à 2,2 millions, celle de Broward de 620 000 à 1,6 million, et celle de Palm Beach de 350 000 à 1,1 million. La croissance incessante du nombre de touristes et de retraités, ainsi que l'arrivée massive de compagnies de haute technologie, ne sont que quelques facteurs qui ont contribué à l'explosion démographique de Miami. Mais le fait que la population de Broward ait triplé en 30 ans seulement repose essentiellement sur le fait qu'une proportion importante de la population de Dade (les Blancs anglo-saxons ou Blancs non hispaniques) s'est déplacée vers Broward pour se mettre à l'abri des émeutes et de la criminalité du centre-ville de Miami, habité à 50 % par des Cubains.

L'augmentation spectaculaire de la population dans la région de Miami a donné lieu à l'un des brassages ethniques les plus importants aux États-Unis. Par exemple, l'hispanisation du comté de Dade a connu une croissance fulgurante depuis 1970. L'étude des géographes Boswell et Curtis (1991) illustre bien ce phénomène. Ces derniers montrent qu'entre 1950 et 1990, la population hispanique est passée de 20 000 à 916 000 dans le comté de Dade. L'augmentation la plus marquée s'est produite entre 1960 et 1970, alors que le nombre d'Hispaniques est passé de 50 000 à 300 000 dix ans plus tard. En 1990, des 1,9 million d'habitants du comté de Dade, 916 000 étaient d'origine hispanique, dont 605 000 Cubains et, au second rang, 101 000 Nicaraguayens. Selon Thomas Boswell, la plupart des Hispaniques qui vivent dans la région de Miami appartiennent à la classe moyenne, ce qui n'est pas le cas des autres villes des États-Unis qui ont connu une forte croissance de population hispanique.

La communauté cubaine est de loin la plus importante communauté d'immigrants de Floride. À eux seuls, les Cubains constituent 66 % du million d'Hispaniques vivant dans le comté de Dade et leur présence se fait sentir dans l'architecture, dans la culture et dans l'économie du sud de la Floride (Bucuvalas, 1994; Mohl, 1986). C'est dans les années 1930 que les premiers Cubains se sont installés au cœur de Miami. Les nombreux Cubains qui sont arrivés par la suite se sont rassemblés autour de la communauté d'accueil. Aujourd'hui, le centre-ville de Miami possède un Little Havana culturellement très animé et coloré (Bucuvalas *et al.*, 1994) et, depuis quelques années, un second noyau important de Cubains se développe en banlieue de Miami, plus précisément à Hialieah, où les Cubains constituent 75 % d'une population de 150 000 personnes (Boswell et Curtis, 1991).

Par ailleurs, c'est bien connu, les tensions raciales et la pauvreté en milieu ethnique sont une réalité à Miami. Cette immense ville étant devenue la capitale officieuse de l'Amérique latine, la lutte pour le contrôle du commerce de la drogue (entre autres commerces illicites) est souvent à la source des conflits raciaux majeurs. Le fait que près d'une centaine de banques latino-américaines siègent au centre-ville de Miami n'est pas étranger aux problèmes reliés à la drogue, puisque plusieurs servent au blanchiment des profits de la vente de celle-ci (Cartano, 1991). Ces divers problèmes sont à la source de la migration massive des Blancs vers l'extérieur de Miami et du comté de Dade en général. Ceci explique en partie l'explosion démographique du comté de Broward (Fort Lauderdale), dominé par les WASPs de classe moyenne (Boswell, 1991).

Les Canadiens français
Les espaces floribécois de la région de Miami ont été grandement touchés par ces énormes changements. À Surfside et Sunny Isles, ils ont presque disparu. On a rasé les hôtels, les motels et les vieux édifices sans valeur architecturale où on trouvait nombre de Québécois dans les années 1960 et 1970, pour y construire de luxueuses copropriétés postmodernes de plus de 20 étages. C'est que le succès du quartier Art déco de Miami Beach, aussi appelé South Beach, a eu des répercussions jusqu'à la frontière nord du comté. La valeur foncière a grimpé et les propriétaires de commerces ont fermé boutique. Nos recherches sur le terrain nous ont permis de constater que plusieurs établissements

hôteliers et grands magasins de Surfside ont fermé leurs portes, et que les autres sont gérés le plus souvent par des Hispaniques. Par exemple, la clientèle du Woolworth est majoritairement hispanique, ce qui n'était pas le cas il y a vingt ou trente ans alors que plusieurs Québécois le fréquentaient. Le supermarché Food Fair, lui aussi populaire chez les Canadiens français, n'existe plus. Sunny Isles, pour sa part, n'a plus son ambiance canadienne-française des années 1970 et 1980. Encore une fois, la cure de rajeunissement de la côte Atlantique du comté de Dade a forcé des hôteliers à vendre ou à remettre leur clé à la banque, ce qui a laissé le champ libre aux investisseurs pour démolir ces hôtels sans grande valeur et pour bâtir, comme c'est maintenant la mode, d'immenses copropriétés de luxe.

Comble de malheur, au début des années 1990, la région a refait son réseau d'autoroutes, et les Québécois habitués de circuler sur l'avenue Collins à Sunny Isles doivent maintenant emprunter un gigantesque embranchement surélevé, visible de partout aux alentours. Le résultat ? Certains hôtels font maintenant face à un mur de béton, mettant leur survie en péril. Ainsi, non seulement les touristes québécois ont moins d'établissements hôteliers où loger et de services disponibles en français dans un espace qui, jusqu'à un certain point, leur appartenait, mais Sunny Isles abandonne son infrastructure touristique de l'avenue Collins, alors destinée à la classe populaire, pour se transformer en une ville résidentielle aisée composée de luxueuses copropriétés.

Est-ce nécessaire d'expliquer alors pourquoi les villes voisines de Hallandale, Hollywood et Dania ont connu une expansion si importante pendant les années 1980 et 1990 auprès des émigrants et des touristes canadiens-français ? Cette partie de la grande région de Miami abritait les refuges touristiques québécois abordables les plus au sud. C'était probablement le seul endroit de la côte sud-est de la Floride à disposer encore de petits motels modestes, tant recherchés par le tourisme de masse québécois, et à avoir été épargné des démolitions engendrées par le développement urbain. Le cadre bâti du Petit Québec, surtout près de la plage, est constitué, à ce moment, uniquement de ce type de motels, c'est-à-dire d'édifices construits depuis plusieurs décennies, peints en blanc, jaune et autres couleurs typiques du sud de la Floride, à un ou à deux étages et qui compte au plus une trentaine de chambres au mobilier modeste.

FLORIBEC

La troisième partie de ce chapitre a comme objectif de présenter les grands traits de l'espace floribécois au moment de son apogée, c'est-à-dire au début des années 1990, dont le centre est situé dans le grand Hollywood. Hollywood et ses voisines, Hallandale et Dania, ont en effet remplacé les noyaux floribécois qui s'étaient mis en place dans les années 1970, pour devenir le principal foyer québécois dans le sud de la Floride. Contrairement à la plupart des autres foyers franco-américains, dans lesquels les résidants dépendaient des matières premières et des industries américaines, celui de la Floride dépend économiquement des touristes en provenance du Québec. Ici, donc, les rapports économiques et socioculturels avec le Québec sont fondamentaux et permettent de maintenir une vie quotidienne française très vivante.

Avant de décrire comment cette communauté vit au jour le jour, nous présenterons brièvement les espaces qu'elle occupe. Pour ce faire, nous nous servirons d'abord des données de recensement de la population, puis d'une analyse que nous avons effectuée au sujet de la localisation des commerçants qui offrent des produits et services en français dans le sud-est de la Floride. Précisons d'abord qu'une analyse de la population canadienne-française de la Floride n'a rien de simple étant donné le peu d'information fournie par les données du recensement américain sur ce groupe ethnique. Louis Dupont (1982, p. 36), le premier à avoir exploré Floribec, écrivait à ce sujet que « ... la réalité de la population québécoise en Floride ne permet pas une délimitation simple de catégories qui permettent un repérage statistique (insuffisant) des individus ». La situation demeure la même aujourd'hui.

Floribec d'après le recensement

Jetons tout d'abord un coup d'œil général sur les statistiques disponibles. La carte 2, composée de données du recensement des États-Unis de 2000, indique où se trouvent les Américains d'origine canadienne-française. On y observe que ces derniers habitent en bonne partie l'agglomération de Miami. En fait, des 134 514 Américains d'origine canadienne-française vivant en Floride en 2000, 3 358 résidaient dans le comté de Dade (Miami métropolitain), 14 536 dans celui de Broward (dont Fort Lauderdale, Hollywood et Dania) et 9 232 dans celui de Palm

Carte 2
Le nombre d'Américains d'origine canadienne-française par comté en Floride, 2000

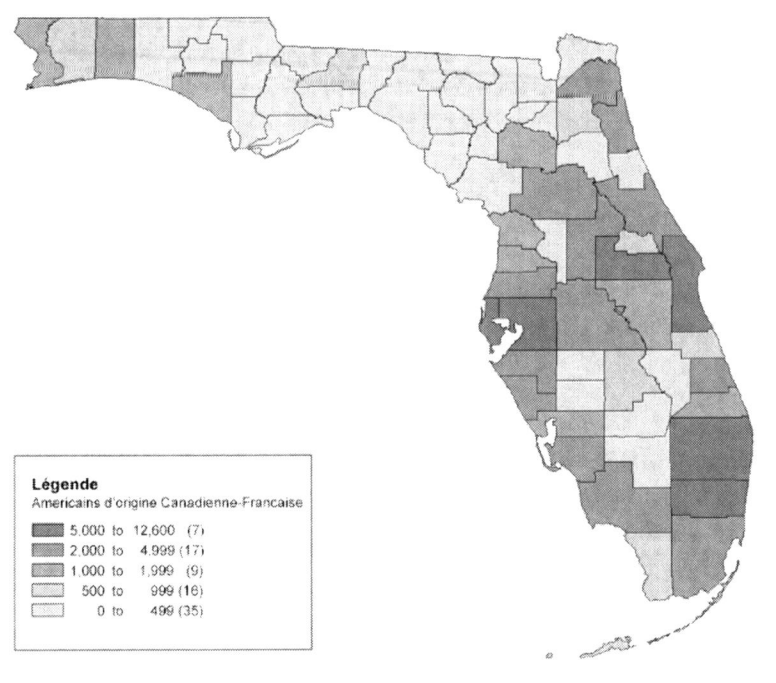

Beach. Donc, plus de 20 % de ces « Franco-Américains » ont préféré la région de Miami aux autres villes ou régions de l'État de la Floride comme lieu de résidence. Même si d'autres concentrations tout aussi importantes existent dans les régions d'Orlando et de Tampa Bay, c'est cependant la région de Miami que les émigrants et les touristes canadiens-français ont adoptée pour recréer un milieu de vie de langue et de culture françaises. Nous verrons plus loin de quelle façon ils se sont approprié le territoire.

À une échelle plus fine, la carte 3 montre le nombre d'Américains d'origine canadienne-française dans les trois comtés que compte l'agglomération de Miami. En observant cette carte, on remarque rapidement que le comté de Broward domine le sud-est de la Floride

Carte 3
Le nombre et la localisation des Américains d'origine canadienne-française dans le sud-est de la Floride, 2000

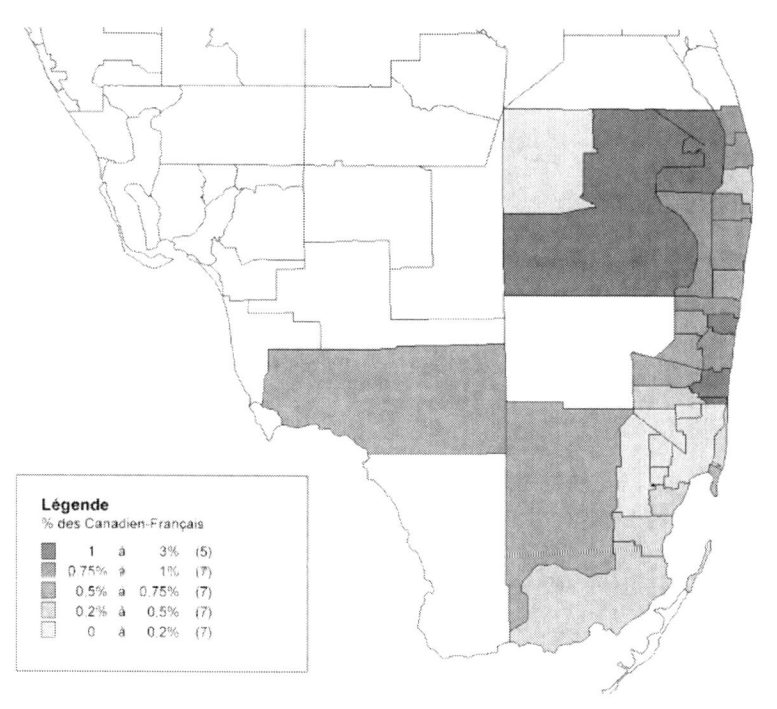

quant au pourcentage d'Américains d'origine canadienne-française y résidant. À elles seules, les villes voisines de Fort Lauderdale et de Hollywood en comptent respectivement 1 163 et 1 705. Ce comté se distingue également de ceux de Dade et de Palm Bach par le nombre de villes ayant entre 500 et 1 000 Américains d'origine canadienne-française. Des cinq villes qui appartiennent à cette catégorie, quatre sont dans Broward, la cinquième, Boca Raton, se situant juste au nord, à l'extrême sud du comté de Palm Beach. On remarque aussi la tendance de ces résidants à se concentrer dans une zone relativement restreinte, et en particulier autour du noyau de 4 000 Américains d'origine canadienne-française que comptent Fort Lauderdale, Hollywood, Dania et Hallande.

L'analyse réalisée à l'échelle des unités de recensement de la région de Miami montre par ailleurs que les Américains d'origine canadienne-française se concentrent dans un périmètre très restreint (tableau 2). En fait, cette analyse montre qu'on les retrouve en grand nombre dans seulement 9 des 22 unités de recensement de la ville. De fait, ces dernières, toutes situées près de la mer et à proximité les unes des autres, sont habitées par plus de la moitié des 1 950 Américains d'origine canadienne-française du comté de Broward.

Tableau 2
Nombre d'Américains d'origine canadienne-française à Hollywod, Floride, par unité de recensement, 2000

Nombre de personnes	Nombre de secteurs
0 - 90	13
91 - 120	4
121 - 200	4
436	1
Total : 1 705	Total : 22

Source : *US Census* (2000)

Bref, il ressort que, des quelque 25 000 Canadiens français du sud-est de la Floride, près de la moitié habitent le long de la côte du comté de Broward, autour d'un noyau situé près de la plage de Hollywood. Ceci témoigne d'une concentration d'émigrants d'origine canadienne-française égalée nulle part ailleurs en Floride.

Floribec, d'après les commerces offrant des produits et des services en français

Certes, les données de recensement permettent de localiser les lieux de résidence des émigrants canadiens-français en Floride. Mais il existe d'autres données, plus valables, pour repérer Floribec sur le terrain.

L'*Annuaire de la Floride* contient des listes de gens d'affaires qui offrent des produits et des services en français et il inclut des encarts

Tableau 3
Localisation des commerçants floribécois dans *Le Soleil de la Floride* et l'*Annuaire de la Floride 1994-1995*

Ville	Comté	Nombre
Hollywood	Broward	76
Pompano Beach	Broward	15
Hallandale	Broward	13
Fort Lauderdale	Broward	10
North Miami	Dade	9
Dania	Broward	8
Sunny Isles	Dade	4
Plantation	Broward	2
Surfside	Dade	1
Boynton Beach	Palm Beach	1
Cocoa Beach	Broward	1
Coral Springs	Broward	1
Deerfield Beach	Broward	1
Delray Beach	Broward	1
Lake Worth	Palm Beach	1
Lauderdale-By-The-Sea	Broward	1
Lauderhill	Broward	1
Miami Beach	Dade	1
Margate	Broward	1
Pembrooke Park	Broward	1
Pembrooke Pines	Broward	1
Sunrise	Broward	1
Total		**151**

publicitaires. Le mensuel *Le Soleil de la Floride,* fondé en 1983 et publié par le même éditeur que celui de l'*Annuaire,* contient diverses publicités de commerçants traitant en français qui, pour la très grande majorité, sont localisés à Hollywood et dans le sud-est de la Floride. Nous avons utilisé ces deux sources pour constituer une liste initiale de 151 commerces offrant des produits et des services en français et qui ont fait de la publicité dans au moins un des 12 numéros du mensuel *Le Soleil de la Floride* de 1995 ou dans l'*Annuaire de la Floride 1994-1995*. Ce journal et ce répertoire constituent les meilleures sources d'informations pour les Floribécois et touristes canadiens-français qui souhaitent se procurer des produits et des services disponibles en français à Floribec. La liste ainsi constituée donne une bonne idée de la localisation et de la structure de l'espace floribécois. Alors que les données de recensement nous indiquent où les Canadiens français résident, celles de la liste des commerçants offrant des produits et des services en français nous montrent où ils peuvent faire des affaires dans leur langue. Ce dernier élément en est un de taille pour la compréhension de la communauté. Pour des raisons économiques simples, les commerçants floribécois, largement orientés vers l'industrie du tourisme, voudront être à proximité du lieu de résidence ou de séjour de leurs clients (Floribécois et touristes canadiens-français). L'annexe et le tableau 3 donnent un aperçu de la variété des services offerts par les commerçants floribécois, et ils renseignent en plus sur leur localisation et leur concentration. Par exemple, on observe facilement la nette domination du comté de Broward sur le plan de la localisation, et de l'est de ce même comté (où se trouvent Hollywood, Hallandale et Dania) quant à la concentration. De plus, le tableau 3 présente chacune des municipalités de la région de Miami où l'on retrouve des commerçants floribécois ayant fait de la publicité dans les numéros du journal *Le Soleil de la Floride* de 1995 et dans l'*Annuaire de la Floride 1994-1995*.

La figure 2 révèle quatre zones différentes, tant sur le plan de la présence canadienne-française qu'en ce qui concerne la densité de l'activité commerciale floribécoise dans la région de Miami. Voyons donc en détail ces quatre zones.

Zone 1 : La zone 1 se compose de Hollywood et de Dania. À elles seules, ces villes possèdent 84 des 151 (56 %) commerces floribécois. Voisines l'une de l'autre même si Dania est beaucoup plus modeste, elles sont séparées par une des artères majeures de Floribec : la rue Sheridan. C'est par cette rue et par le boulevard Hollywood que les touristes québécois se rendent à la ville de Hollywood et sur sa plage, cœur social et culturel de Floribec avec ses nombreux établissements hôteliers et ses restaurants floribécois destinés essentiellement aux touristes canadiens-français. La grande concentration d'établissements commerciaux floribécois situés à Hollywood et à Dania forme donc la zone 1 de la figure 2.

Zone 2 : Tout juste au nord et au sud de Hollywood-Dania se trouvent Fort Lauderdale et Hallandale, deux autres sites balnéaires fort populaires auprès des touristes québécois en Floride. Contrairement à Hollywood et Dania, Fort Lauderdale dépend moins du tourisme canadien-français. En fait, Fort Lauderdale concentre ses efforts à se défaire de son image de lieu de rassemblement des étudiants américains durant le *Spring Break*. Et cette volonté a des retombées très positives puisque l'aménagement récent de la plage et de l'artère principale du centre-ville (avenue Las Olas) fait de cette ville une des plus belles de l'État. Ici, les présences floribécoises sont relativement discrètes; on entend des touristes québécois parler français mais ils sont très minoritaires dans cette grande ville qui compte plusieurs hôtels de luxe. Il semble donc que la taille de la ville, l'orientation qu'elle s'est donnée et la domination des touristes anglo-saxons de classes moyenne et supérieure, en plus des nombreux congressistes, aient en quelque sorte diminué la visibilité des Canadiens français. Même si Fort Lauderdale compte 10 commerçants offrant des produits et des services en français, ceux-ci ont très peu de visibilité et influencent peu la vie floribécoise. Si à Hollywood et à Dania les touristes québécois trouvent des produits et des services en français sans vraiment chercher, ici ils risquent de ne jamais en trouver sans avoir, au préalable, une adresse en main.

Hallandale pour sa part n'a pas l'envergure ni la prestance de Fort Lauderdale. Cette dernière est séparée de Hollywood et de Dania par l'aéroport international de Fort Lauderdale-Hollywood, alors que Hallandale n'est séparée de Hollywood que par un boulevard, lui aussi très important dans la perception qu'ont les Floribécois de leur territoire. Aussi, on peut facilement ne pas savoir que l'on arrive à Hallandale si l'on manque l'affiche qui nous dit « *Welcome to Hallandale* ». Pour le géographe, cependant, on observe un net changement dans le paysage : Hallandale possède très peu d'hôtels près de la plage, elle compte plusieurs grandes copropriétés datant des années 1950 à 1970 et, dans les environs de la route 1 (*Federal Highway*), un grand nombre de parcs de maisons mobiles. Du côté est, à l'exception de la plage, Hallandale ne dispose pas de commerces le long de la A1A (Ocean Drive), comme c'est le cas à Hollywood. On ne trouve pas non plus

Figure 2
Schématisation de l'espace floribécois selon la localisation des commerçants

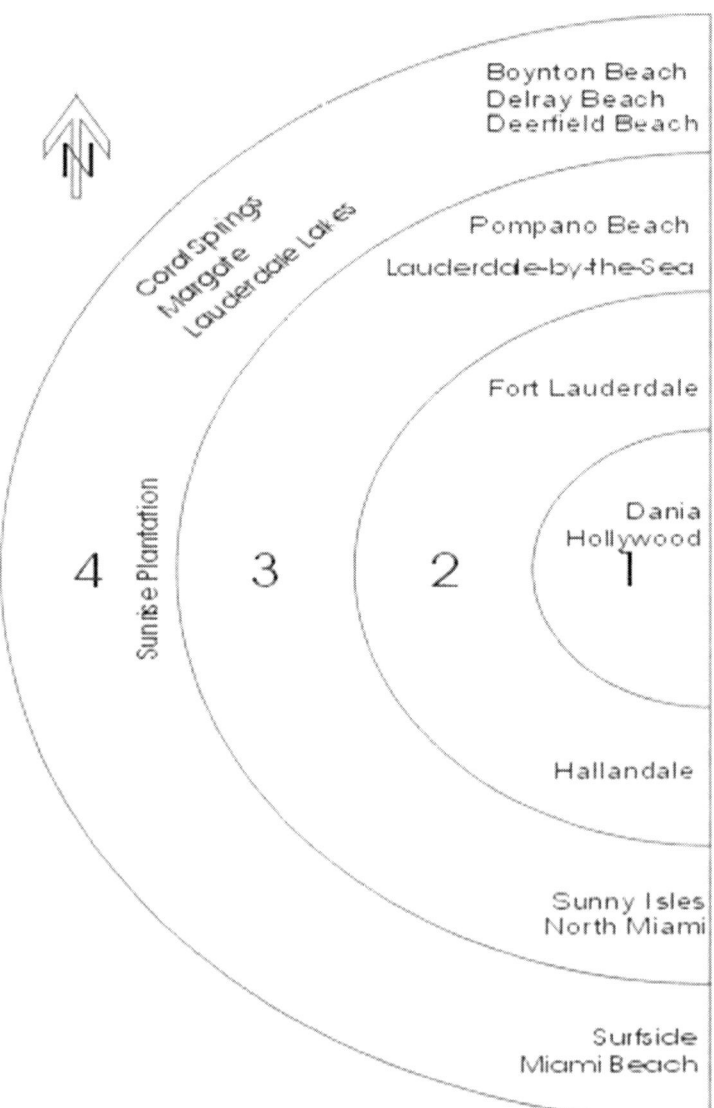

d'établissements commerciaux sur la plage de Hallandale, ce qui fait en sorte que les touristes floribécois qui désirent se faire servir en français doivent se diriger plus à l'ouest de cette municipalité, à proximité des quartiers de maisons mobiles et le long des principales artères. C'est également de ce côté que la majorité des touristes canadiens-français de Hallandale résident, surtout dans des parcs de maisons mobiles. En général, la vie floribécoise y est plus palpable qu'à Fort Lauderdale : les commerçants offrant leurs services en français sont bien visibles dans cette partie surtout résidentielle de la région du grand Miami. Le service floribécois le plus connu de Hallandale, et localisé sur le boulevard du même nom, est sans aucun doute la Caisse populaire Desjardins, rebaptisée là-bas pour des raisons légales Desjardins Federal Savings Bank. Que Hallandale soit voisine de Hollywood et de Dania explique la localisation de cette succursale de l'institution financière québécoise.

Ainsi, la zone 2 compte 23 commerçants ayant fait de la publicité dans *Le Soleil de la Floride* et dans l'*Annuaire de la Floride*. Ce 15 % du total des commerçants est nettement inférieur au 56 % de la zone 1. Néanmoins, ces deux zones sont fortement reliées et les échanges sont très fluides, car une grande proportion des touristes québécois et des Floribécois les fréquentent toutes deux dans le cadre de leurs activités quotidiennes.

Zone 3 : La zone 3 ressemble un peu à la précédente mais, puisque l'on s'éloigne du centre floribécois, la présence floribécoise se fait moins visible, comme celle des touristes du Québec, d'ailleurs. Sunny Isles, que nous avons brièvement décrite plus haut, possède une dizaine de services destinés aux touristes du Québec. Certains partagent le même bâtiment, ce qui diminue la visibilité de la vie floribécoise à Sunny Isles dont les jours sont comptés comme destination touristique canadienne-française. Par exemple, on peut trouver un restaurant-bar au rez-de-chaussée d'un hôtel. North Miami, quant à elle, est un peu la continuité de Hallandale avec ses nombreux parcs de maisons mobiles, populaires auprès des touristes québécois.

Au nord de Hollywood et de Fort Lauderdale se trouvent Pompano Beach et Lauderdale-By-The-Sea. Pompano Beach est assez diversifiée économiquement et attire une clientèle touristique québécoise différente des zones 1 et 2, tandis que Lauderdale-By-The-Sea compte essentiellement des copropriétés modernes et attire des touristes québécois aisés. Ici, les rapports avec la zone 1 sont probablement plus restreints, étant donné que tant les touristes québécois que les Floribécois diffèrent de ceux qui habitent cette zone sur le plan socioéconomique. La zone 3 est relativement éloignée du centre floribécois et on peut s'interroger sur les rapports territoriaux qu'elle entretient avec les zones précédemment présentées. Si Pompano Beach compte 15 commerçants offrant des produits et des services en français, ceux-ci sont destinés aux touristes québécois et aux Floribécois qui résident dans cette même ville, ce qui se démarque largement de la fluidité des échanges entre les zones 1 et 2 et, dans une moindre mesure, du sud de la zone 3. Nos observations sur le terrain nous ont appris que, bien qu'il y ait 28 commerçants dans la zone 3, les rapports qu'ils entretiennent avec les zones 1 et 2 sont marginaux. Au chapitre suivant, nous expliquerons plus clairement cette division entre les zones 1, 2 et les autres.

Zone 4 : Les 12 commerçants de cette zone ne visent vraisemblablement pas les touristes et résidants des zones 1 et 2. De toute évidence, à cause de l'éloignement, ces commerçants n'entretiennent pas de liens avec les touristes et les Floribécois de la zone 1 et même de la zone 2. La vie française y est pratiquement inexistante. *Le Soleil de la Floride* et l'*Annuaire de la Floride* servent surtout aux agents immobiliers qui souhaitent élargir leur clientèle. Cette zone est fort différente de celle du cœur de Floribec. Là encore, le chapitre qui suit éclairera nos propos.

* * *

Notre étude de la localisation des annonceurs du journal *Le Soleil de la Floride* et de l'*Annuaire de la Floride* laisse présager d'une structuration spatiale assez nette du territoire floribécois. On remarque clairement que le centre de ce territoire se situe à l'est du comté de Broward, à Hollywood et à Dania, cœur touristique, économique et social de Floribec. L'espace de la communauté s'étend aussi dans la zone 2 comprenant Hallandale et Fort Lauderdale, qui fait office de zone tampon entre le centre et sa périphérie. Au fur et à mesure que l'on se dirige vers l'ouest, le sud et le nord, la densité des établissements offrant des produits et des services en français diminue et, comme nos enquêtes l'indiqueront, la fluidité des échanges entre les zones disparaît, de même que les liens socioculturels.

Cette structure spatiale de Floribec n'est pas sans rappeler le modèle *distance-decay* qui est à la base de plusieurs des grands modèles d'organisation de l'espace géographique (places centrales, diffusion, etc.)[7]. Ce modèle, qui expose l'effet de la distance sur les patterns et processus spatiaux, constitue ce que d'aucuns identifient comme une loi de base de la géographie. Cette loi peut autant s'appliquer à l'échelle d'une ville ou d'une région, qu'à celle du continent[8]. Dans notre étude de cas, il est clair que le nombre et la diversité des interactions qui donnent sa raison d'être à Floribec diminuent de la zone 1 à la zone 2, de la zone 2 à la zone 3, etc. Ainsi, plus on s'éloigne du cœur de Floribec, plus la vie d'échanges en français perd de sa force. De fait, certains Américains d'origine canadienne-française de la périphérie floribécoise s'associent probablement plus à la majorité anglo-saxonne qu'aux francophones de leur localité ou des autres centres de la vie floribécoise du grand Miami. Le modèle *distance-decay* serait ainsi assez représentatif de l'organisation spatiale de la communauté floribécoise.

Ce chapitre se voulait un bon aperçu de la structure et de l'étendue de Floribec au début des années 1990. Maintenant, il reste à savoir comment cet espace a été mis à profit dans les rapports qu'entretiennent les Floribécois entre eux, et comment le sens qu'ils lui donnent contribuera à leur identité. Les chapitres suivants servent justement à lever le voile sur les rapports que les Floribécois entretiennent avec leur espace.

---

[7] B.J.L. Berry et D.F. Marble (1968) ont fait un exposé exhaustif de ce modèle.
[8] Pensons par exemple à l'effet de la distance mesuré par Von Thunen sur les choix de production agricole.

CHAPITRE 2

FLORIBEC À PIED

Dans ce chapitre, nous verrons, d'après nos recherches sur le terrain, comment les Floribécois vivent leur quotidien, et jusqu'à quel point ils ont donné à leur espace de vie tropical une identité qui se distingue des autres espaces canadiens-français hors Québec.

L'espace canadien-français de la Floride s'observe aisément dans cette mégalopole américaine, pourtant largement anglo-saxonne et hispanique, que forment Miami et sa banlieue. Pour le démontrer, nous décrirons tour à tour le paysage, l'espace-temps et l'espace communicationnel de Floribec, lesquels permettent à l'observateur d'identifier les principales formes d'insertion communautaire du groupe d'origine canadienne-française dans l'espace. Par la suite, nous traiterons des institutions et des services floribécois. À quel point sont-ils variés? Quel rôle jouent-ils dans la communauté? La troisième partie du chapitre portera sur l'organisation spatiale et sur les bases matérielles de Floribec telles qu'elles se dégagent de nos observations de terrain.

ESPACES DE LA VIE QUOTIDIENNE FLORIBÉCOISE

Cette première partie de notre chapitre aidera à comprendre comment Floribec peut être perçue de l'extérieur. Pour ce faire, nous analyserons l'espace observé selon trois facettes : le paysage, l'espace-temps et l'espace communicationnel. Ainsi nous observerons le paysage de Floribec en tant qu'espace chargé de signes produits par l'activité économique et par la culture particulière des individus qui s'y trouvent. Comme l'expliquent d'une manière fort évocatrice Phipps, Langlois et Jiang (1994, p. 61) :

> Individus et collectivités […] tendent à inscrire les marques de leur ethnolinguistique dans leur paysage. Certains de ces signes ont un

sens explicite : l'affichage d'un emblème national particulier réfère sans ambiguïté à l'appartenance de l'individu à cette nation. Mais il existe aussi des signes riches de signification implicite qui se manifestent à l'insu des individus. Ils émanent de traditions, de façons d'être, de pratiques ou de conditions de vie propres à un groupe particulier. Leur présence peut être aussi évocatrice que celle des marqueurs ostensiblement utilisés comme mode de proclamation d'une adhésion à un groupe ou à une culture.

Pour sa part, tel que nous le percevons, l'espace-temps se définit selon deux volets (Hagerstrand, 1973; Parkes et Thrift, 1980). D'abord, il s'agit d'un espace qui tient compte de la dimension cyclique de la vie en communauté. Que ce soit à l'échelle journalière ou saisonnière, cette dimension de l'espace permet de faire ressortir les variations dans les pratiques sociospatiales engendrées par des facteurs temporels. Le tourisme saisonnier à Floribec en serait un bon exemple. Le second volet de notre définition se réfère à la routine qui s'installe dans un espace de vie donné. Les déplacements des individus, de même que leurs activités sociales et économiques, sont fortement influencés par le temps. En fait, ces dernières reposent sur des pratiques culturelles, journalières et cycliques qui dictent la routine des individus et des groupes. Bref, l'espace-temps d'un groupe met en relief ses activités routinières, et le cycle (à diverses échelles temporelles) dans lequel elles s'inscrivent.

Quant à l'espace communicationnel, nous le proposons dans le but de faire la lumière sur l'espace des médias écrits et télévisuels, et celui de la publicité à Floribec. Son rôle est central dans la survie de la communauté. L'espace communicationnel renvoie aux multiples usages des médias par le groupe, qui lui permettent de maintenir le lien entre ses membres et de se projeter à l'extérieur de celui-ci. Il renvoie aussi aux caractères de la vie communautaire qu'il reflète et qu'il contribue à renforcer, à travers les images qu'il met en circulation ici et ailleurs.

Mais quelle est la méthode que nous avons utilisée pour identifier les principaux éléments du paysage floribécois, de l'espace-temps de la communauté et de son espace communicationnel? Nous avons essentiellement fait des observations systématiques sur le terrain, à différentes échelles, et ce, sur une période de 90 jours au total pendant les mois de février et de mars 1994 et 1995. Le territoire couvert par ces observations fut tous les voisinages du territoire de la côte sud-est de la Floride où nous avions identifié un ou plusieurs commerces floribécois, afin d'y repérer des signes de la vie communautaire floribécoise.

Nous avons parcouru le territoire en voiture puisqu'il s'étendait de Boca Raton à Miami, et des Everglades à l'océan Atlantique. Vu la forte densité des activités sur les plages de Lauderdale-By-The-Sea, Pompano Beach et Miami Beach, de même que sur les artères principales, nous avons parcourus à pied ces zones. Et vu le nombre élevé de commerces floribécois à Hollywood, Hallandale et Dania, ainsi que le dynamisme de la vie de langue française que nous avons pu y observer, les artères commerciales et plusieurs secteurs résidentiels de ces trois villes ont aussi été observés à pied.

Et qu'avons-nous observé précisément? Nous nous sommes attachée aux signes ethnolinguistiques de la présence canadienne-française dans le paysage, en portant une attention particulière à la langue d'affichage (raisons sociales, enseignes, affiches publicitaires, etc.). Aussi, nous avons observé l'utilisation de la langue française dans les commerces floribécois et autres lieux publics (hôpitaux et cliniques, églises, places publiques, etc.). Cela a impliqué des visites à l'intérieur de plusieurs commerces, en plus de discuter avec leurs propriétaires et leurs clients. Nous avons aussi échangé avec des personnes qui fréquentent les nombreux autres endroits où le français domine. La lecture de dépliants et de différents médias a également été révélatrice de la vie quotidienne de la communauté floribécoise.

Toutes les observations faites lors de cette étape de notre recherche ont été consignées par trois moyens : 1) la prise de notes, 2) l'enregistrement par magnétocassette et par caméra vidéo, 3) la photographie. C'est à partir de ces différents matériaux que nous avons rédigé les pages qui suivent.

Le paysage
Dès nos premières séances d'observation dans le Petit Québec de Miami, il nous est apparu qu'il y avait dans le paysage des signes évocateurs de la présence canadienne-française. Ces traces, ces marqueurs, voire ces géosymboles (Bonnemaison, 1981) ethnolinguistiques étaient suffisamment visibles dans l'espace bâti pour que l'étranger,

Canadien français ou pas, note l'existence d'une vie culturelle non anglophone et non hispanophone, et ce, avant même d'avoir entendu quelqu'un s'exprimer en français autour de lui. On se souviendra des commentaires du *National Geographic* et des guides touristiques cités dans notre introduction.

Le paysage floribécois n'est pas cependant uniformément riche en symboles ethnolinguistiques. C'est entre le *Boardwalk*[9] et l'autoroute fédérale, et entre les boulevards Sheridan et Hollywood, qu'il révèle le plus ouvertement une vie quotidienne canadienne-française. En fait, c'est à cet endroit que la concentration de motels et de restaurants floribécois est la plus grande. L'espace situé entre le boulevard Dania Beach et la rue Sheridan et celui qui s'étend du boulevard Hollywood au boulevard Hallandale Beach contiennent, eux aussi, mais dans une moindre mesure, des marqueurs de la vie canadienne-française. Plus à l'ouest, l'espace entre l'autoroute fédérale et l'autoroute Dixie compte aussi un nombre important de commerces divers tenus par des Floribécois. Mais à l'extérieur de cet espace de la région de Miami, très rarement trouverons-nous des signes visuels d'une vie française. Le français parlé, c'est-à-dire les discussions entre touristes canadiens-français ou entre Floribécois, est le seul indicateur que l'espace canadien-français déborde les frontières plus ou moins étanches que nous venons d'évoquer.

Donc, le quadrilatère formé par le boulevard Dania Beach au nord, le boulevard Hallandale Beach au sud, la route *Ocean* (près du *Boardwalk*) à l'est et l'autoroute Dixie à l'ouest contient, d'après nos observations sur le terrain, l'essentiel de Floribec. C'est également dans ce même quadrilatère que se trouve une proportion importante de la population floribécoise (figure 3).

Le quadrilatère évoqué plus haut délimite donc le pôle socioculturel floribécois. Il s'agit en fait de la principale concentration de motels et de restaurants tenus par des Floribécois, et donc du point de rencontre des touristes canadiens-français. Ce corridor d'environ un kilomètre de

---

[9] Dans cette recherche, nous utiliserons le terme « *Boardwalk* », tel qu'utilisé dans la langue anglaise, plutôt que « *Broadwalk* », comme le font les Floribécois et les touristes canadiens-français. Par exemple, on peut lire en page 5 du *Francophone international* du 8 décembre 1999 : « Chaises et tables sont condamnées sur le Broadwalk de Hollywood. »

Figure 3
L'espace des géosymboles floribécois

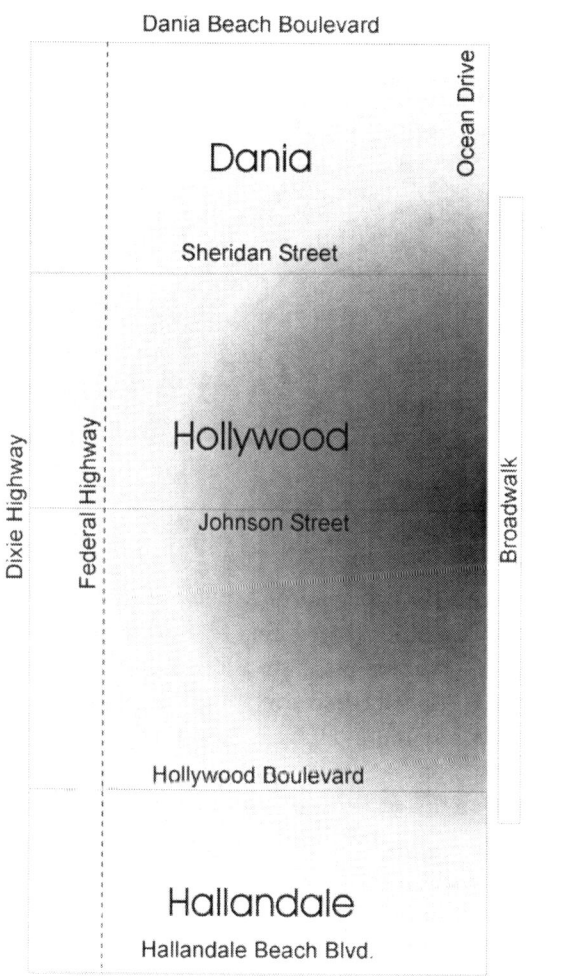

Photo 1
Le *Boardwalk*

long, situé face à l'océan, est très achalandé pendant les mois d'hiver, alors que des centaines de milliers de touristes canadiens-français se précipitent à Hollywood pour rencontrer d'autres touristes de la même origine qu'eux. À partir du moment où le soleil se pointe jusqu'à tard dans la nuit, des milliers de Canadiens français se font bronzer sur la plage, parcourent à pied, en bicyclette ou en patins à roues alignées la promenade qui longe la plage, et s'arrêtent pour prendre un verre ou un repas dans un des nombreux restaurants qu'ils croisent. Dans la soirée, souvent dans une tenue vestimentaire plus soignée, ces touristes se dirigeront ensuite vers un restaurant floribécois transformé en bar vers 19 heures. Pendant la journée, ces touristes auront rarement eu besoin de s'exprimer dans une autre langue que la leur. Aussi, dans ce pôle floribécois, chaque commerce qu'ils auront fréquenté les aura servis dans leur langue.

C'est en fait ce qui distingue ce pôle du reste de Floribec. Là, le touriste canadien-français n'a aucunement besoin de connaître la langue anglaise pour obtenir un service. Le paysage est suffisamment chargé de messages, subtils ou non, témoignant d'une vie en français, ou plutôt

Photo 2
Le Québec Hairstyle

d'une vie ethnolinguistiquement floribécoise, pour que ce touriste s'y sente en sécurité. Celui qui fréquente la plage de Hollywood pour la première fois, et qui ignore tout de la vie en français qui y règne — ce qui nous apparaît invraisemblable — verra une foule d'enseignes en français sur diverses activités touristiques organisées par des Floribécois. Sur la promenade le long de l'océan et sur la rue Johnson (rue principale du pôle), les commerçants floribécois affichent tous quelque part un symbole canadien ou québécois afin de donner à la clientèle visée une indication sur l'origine du ou des propriétaires.

Encore plus important, ces touristes remarqueront, avec satisfaction et soulagement, une extension de leur culture dans une région précise de la Floride, d'où le succès de Hollywood auprès des touristes et des

Photo 3
Le Frenchie's Café

émigrants canadiens-français en quête du rêve américain. En d'autres termes, non seulement la langue française domine-t-elle dans le pôle, mais la culture qui s'y exprime est la même que celle des touristes, une clientèle qui semble souvent appartenir à la culture populaire, qui souhaite passer un séjour au soleil, sans être dépaysée. Par exemple, ces touristes fréquenteront sans crainte des restaurants comme La Gaspésienne, Frenchie's Café, Qué-Fla, Chez Bébère, La Brochetterie, établissements dont le nom même reflète leur culture. Ces restaurants sont fiers de servir des mets chers aux touristes canadiens-français et, mentionnons-le, que ces derniers souhaitent retrouver en Floride. Pour être bien identifiés, les restaurateurs floribécois affichent très clairement sur leur devanture « mets canadiens »[10]. De quoi s'agit-il ? Du pâté chinois, de la poutine, du hamburger caruso, etc. Lorsque l'aménagement, la musique et les menus ne suffisent pas à convaincre de l'authenticité culturelle canadienne-française, des serveurs distribuent des dépliants aux passants qui circulent sur le *Boardwalk*. Soulignons

---

[10] À noter que le mot « Québec » est peu utilisé à Floribec.

que la compétition est féroce et on s'efforce d'offrir l'ambiance la plus traditionnelle possible à une clientèle qui a l'embarras du choix.

Les motels essaient eux aussi d'utiliser leur raison sociale pour attirer les touristes canadiens-français. Ils s'appellent Granby, St-Maurice, et, à défaut de ne pouvoir utiliser cette technique pour être bien en vue, on indique sous l'enseigne publicitaire « TV en français », « Nous parlons français » ou « Bienvenue-*Welcome* ». Une autre tactique utilisée est l'inscription, sur des cartes d'affaires distribuées dans une multitude de commerces floribécois, de renseignements supplémentaires qui confirment le caractère floribécois des lieux, comme par exemple : « André Houle, prop.-*owner* », « *Your hosts* Serge et Denise », « Les suites de Michel Louvain et de Frank Olivier ». En plus, certains commerçants floribécois distribuent sur la plage ou déposent dans des commerces de Floribec des dépliants, en français ou bilingues, pour attirer la clientèle touristique canadienne-française. Le nom, le type de produit offert, le lieu d'origine du propriétaire, un drapeau sont autant de façons de s'identifier comme Floribécois dans les années 1980 et 1990.

On ne peut passer sous silence le fait que tout ceci exclut grandement les francophones d'Haïti ou d'Europe. Mais ceux-ci, de toute façon, se font très rares dans cette partie du Grand Miami. Les immigrants haïtiens ont tendance à se regrouper dans le « Petit Haïti » du centre-ville de Miami, et les francophones d'Europe, généralement fortunés, logent dans les hôtels de luxe des quartiers chics de la mégalopole floridienne.

Lorsqu'on quitte le noyau de Floribec pour se diriger vers l'ouest et vers les extrémités nord et sud du quadrilatère (figure 3), il y a diminution des marqueurs canadiens-français dans le paysage. Toutefois, on ne peut passer sous silence la présence de la Caisse populaire Desjardins (Desjardins Federal Savings Bank) sur le boulevard Hallandale, avec sa clientèle majoritairement composée de Floribécois, de touristes du Québec et de travailleurs canadiens-français, légaux et illégaux. En plus d'être une caisse populaire, cette institution sociale est presque un monument culturel en l'honneur de Floribec. Par contre, ailleurs, sur les artères Dania, Sheridan et Hollywood, les symboles n'ont rien d'aussi monumental : quelques motels et deux agences de voyages où l'on peut lire sur les vitrines « Aller-retour Montréal-Fort Lauderdale avec Air Transat ».

Cependant, l'autoroute fédérale compte quelques services floribécois importants. On y remarque un restaurant, fort bien connu des Floribécois et des touristes, ayant comme spécialité le poulet rôti. L'enseigne publicitaire de ce restaurant, appelé Au Coq, est facilement visible sur cette artère importante de Hollywood et de Dania. D'autres commerces floribécois bien en vue sont situés près de ce restaurant, dont Lacroix Realty of Québec, quelques motels et surtout un dépanneur, Lucky 7, jouant le quadruple rôle d'épicerie, de kiosque à journaux provenant du Québec, de centre d'information touristique et enfin de centre communautaire de Floribec. On y trouve sur un long comptoir, outre de la sauce à spaghetti Catelli et des sauces VH, des dizaines de cartes de gens d'affaires floribécois. Au bout de ce comptoir, un Floribécois informe les touristes canadiens-français à propos des activités et des services offerts dans leur langue, de même qu'au sujet de la vie et des possibilités qui s'offrent au Canadien français qui rêve de s'établir dans la région. Ce commerce est devenu une véritable institution vu son rôle au sein de la communauté. Ainsi l'autoroute fédérale offre un paysage assez riche en symboles floribécois pour qu'un étranger puisse aussi y reconnaître la présence d'une vie culturelle autre qu'anglo-saxonne.

L'autoroute Dixie traverse une zone beaucoup moins commerciale et touristique que celles desservies par la route *Ocean* et l'autoroute fédérale. Toutefois, outre les bureaux du journal *Le Soleil de la Floride*, institution que nous présenterons plus loin, on retrouve dans les environs des commerces floribécois qui ont attiré notre attention parce qu'ils ne donnent pas l'impression à un observateur de dépendre aussi étroitement du tourisme canadien-français et des Floribécois. Le nom de famille du propriétaire apparaissant sur l'enseigne d'un garage, d'une station-service et d'un rembourreur sont les seuls indices qui nous renseignent sur l'origine canadienne-française de ces commerçants qui n'affichent pas leurs informations en français, et qui ne le parlent pas tous nécessairement avec leurs clients. D'autre part, ces derniers ne parlent pas tous français, ce qui contraste largement avec la situation à proximité de la plage. Par contre, on y retrouve le Club canadien, salle de danse très appréciée des touristes canadiens-français depuis quelques années pour sa musique traditionnelle bien de chez nous (danses carrées, continentales, etc.).

Près de cette salle de danse, on verra des parcs de maisons mobiles où résident plusieurs Floribécois et touristes canadiens-français.

L'espace de ces parcs est riche en symboles de toutes sortes. Les drapeaux canadien et québécois y flottent, le nom des propriétaires est bien indiqué sur les boîtes aux lettres et, pendant le temps des Fêtes, les décorations très variées ne manquent pas de laisser voir d'où proviennent les propriétaires de ces habitations modestes mais bien entretenues. Les « Joyeux Noël » écrits avec de la poudre blanche masquent la plupart des fenêtres, les lumières éclairent les immenses crèches et les pères Noël accompagnés de leurs reines accueillent en français tous les automobilistes dont les véhicules sont munis d'une plaque d'immatriculation québécoise.

En fait, le paysage résidentiel des parcs de ce genre nous a semblé plus vivant et surtout plus diversifié en signes ethnolinguistiques que celui des parcs composés de maisons unifamiliales, tel celui de Dania. L'aménagement extérieur des habitations unifamiliales floribécoises ne se démarque pas de celui des Anglo-Saxons. Contrairement à la situation qui prévaut dans le milieu commercial, les résidences des Floribécois ne sont pas « identifiables » de l'extérieur. Les drapeaux, les boîtes aux lettres et autres marqueurs potentiels ne témoignent de rien. Seules les plaques d'immatriculation des visiteurs du Québec nous informent de l'origine ethnique de ceux qui habitent les quartiers résidentiels visités. On pourrait expliquer ceci par le fait que les résidents des parcs de maisons mobiles, composés surtout d'hivernants, sont dans un état d'esprit plus enclin à exprimer leur excitation provoquée par le temps des Fêtes que les résidents permanents des quartiers résidentiels qui, eux, ne sont pas nécessairement en vacances. Il reste que si ces derniers apparaissent moins en état de célébrer, le nombre de véhicules provenant du Québec y est très élevé à cette période de l'année. Les stationnements sont remplis, et souvent voit-on quelques voitures de plus stationnées devant les résidences. Cela ajoute au paysage floribécois et renseigne sur la localisation de Floribec.

Encore une fois, la figure 3 présente un schéma de l'espace socioculturel floribécois que nous venons de décrire, tel qu'il était au début des années 1990. Et cette figure met tout particulièrement en relief les éléments du paysage que le chercheur-observateur peut aisément identifier à travers les nombreux symboles qu'il contient. Les flèches indiquent la richesse variable de la vie socioculturelle quotidienne floribécoise dans l'espace. On observe ainsi qu'il y a diminution des symboles floribécois dans le paysage au fur et à mesure que l'on se dirige vers l'ouest. Ce phénomène se produit également aux extrémités nord et sud de la zone représentée à la figure 3, avec un maximum de symboles se situant à l'est, soit à proximité de la plage.

Mais en dehors de cette zone dense en signes ethnolinguistiques, les choses sont différentes. Pour l'observateur ou le touriste, les paysages de Fort Lauderdale, de Plantation et de Palm Beach sont moins révélateurs de la présence canadienne-française. À moins d'avoir une adresse en main, on ne pourra trouver au hasard un motel ou un restaurant floribécois comme c'est le cas à Hollywood. Alors que, dans le Petit Québec, les signes ethnoculturels canadiens-français sont flagrants, ailleurs, il faut chercher attentivement pour les trouver. Le paysage ne suffit pas à nous informer des produits et des services offerts en français.

Nos observations du paysage floribécois ont révélé par ailleurs une dimension importante insoupçonnée de la vie communautaire : celle-ci s'organise selon un cycle temporel qui crée des variations marquées dans les pratiques sociospatiales.

L'espace-temps

La description du paysage floribécois ayant été détaillée, nous passerons plus rapidement en revue l'espace-temps de Floribec. Les relations entre Floribec et le tourisme seront en effet davantage compréhensibles, spatialement et socioculturellement, pour le lecteur. Ce dernier remarquera également à quel point le tourisme donne à Floribec son caractère hautement cyclique.

Ainsi, deux éléments fondamentaux caractérisent l'espace de vie floribécois : d'une part, son cycle temporel, et d'autre part, ses rapports au monde extérieur. S'il nous semble évident, d'après nos observations sur le terrain, que l'espace-temps floribécois est centré sur un pôle socioculturel près de la plage de Hollywood, nous pouvons également affirmer que, sur une base annuelle, la vie sociale et économique y connaît un certain cycle. Lors de nos recherches à Floribec, qui ont eu lieu à différentes saisons, il nous est clairement apparu que, contrairement au paysage, l'espace de vie n'était pas stable. En d'autres termes, on pourrait dire que les enseignes commerciales restent, mais que les Floribécois et les touristes canadiens-français ne sont pas toujours présents. Par exemple, en été comme en hiver, on remarque des signes de l'espace bâti floribécois près de la plage et même ailleurs dans l'espace délimité dans la figure 3. Par contre, l'espace de vie floribécois n'est pas observable toute l'année puisqu'il bouillonne d'activités en hiver et disparaît presque totalement pendant l'été.

Pourquoi l'espace de vie floribécois connaît-il un cycle saisonnier? On l'aura deviné : à cause de la forte dépendance de Floribec des touristes provenant du Canada français. En été, Floribec attire peu de touristes parce que sa clientèle préfère visiter la Floride en hiver. Ceci a évidemment un impact direct sur la vie quotidienne au sein de la communauté. De juin à septembre, la plage de Hollywood ne dispose pas d'un espace de vie floribécois, car il n'y a que très peu de touristes du Québec, ou même d'ailleurs. Bon nombre de commerces, floribécois ou non, ferment leurs portes. Le phénomène se produit également lorsqu'on s'éloigne du *Boardwalk*. Les institutions financières et les agences immobilières poursuivent leurs activités, mais plusieurs clubs de danse et restaurants floribécois ferment leurs portes jusqu'au retour de l'automne. Les parcs de maisons mobiles de Hallandale sont, eux aussi, presque vides et la vie sociale y est quasi inexistante. Bref, pendant l'été, on peut plus difficilement parler de Floribec puisque les Floribécois, de même que les touristes canadiens-français, et leur apport socioculturel et économique à l'espace de vie sont absents. Vers la fin d'octobre, l'espace reprend vie alors que l'hiver s'installe lentement mais sûrement au Canada. Temporellement mouvant, l'espace de vie floribécois est le plus actif de la période des Fêtes jusque vers la fin d'avril.

À l'extérieur de la zone représentée dans la figure 3, la situation est différente. Moins dépendants du tourisme canadien-français, les commerçants floribécois situés en dehors de Hollywood Beach ont une clientèle composée, entre autres, d'Américains, d'Européens, de Sud-Américains, d'Asiatiques, etc. Ceci s'observe facilement par une visite des lieux, en différents moments de la saison touristique. L'effet de cycle est beaucoup moins marqué dans cette partie de Floribec, où l'origine du tourisme change certes selon les saisons mais où l'activité touristique reste aussi intense.

On observe ainsi la manière dont les Floribécois ont réussi à marquer ethnolinguistiquement leur paysage et à le nourrir d'une vie sociale dont l'intensité varie au fil de l'année. Cet espace-temps s'observe aisément grâce surtout à un outil que les Floribécois manipulent avec beaucoup de créativité : les communications.

L'espace communicationnel

D'une façon exemplaire, les Floribécois exploitent les communications pour afficher leur style de vie, leur culture et leur raison d'être économique. Subtilement ou non, au moyen d'affiches, de dépliants, de la télévision et d'autres modes de communication médiatique, les Floribécois ont réussi à créer un véritable espace communicationnel, un espace qui fait non seulement partie de leur quotidien, mais qui établit d'une façon très caractéristique leur présence sur la côte sud-est de la Floride.

On l'a vu, le paysage floribécois s'observe essentiellement par tout un ensemble de signes ethnolinguistiques tels des affiches, des enseignes, des cartes d'affaires, des dépliants, des journaux et la télévision. Nos observations nous ont par ailleurs montré qu'il y a suffisamment de ces signes ou symboles, surtout sur le territoire qui apparaît à la figure 3, pour considérer l'existence d'un véritable espace communicationnel floribécois.

À quoi cet espace communicationnel sert-il? Mais bien sûr à servir les touristes canadiens-français qui souhaitent passer un séjour en Floride sans dépaysement culturel et linguistique. Et qui l'anime? Les Floribécois qui, afin d'éviter ce dépaysement, offrent des services en français et des produits canadiens-français à une clientèle qui les recherche et aux touristes québécois.

Les enseignes commerciales représentent de loin le principal support de l'espace médiatique floribécois. Une lecture rapide de l'annexe A donne un bon aperçu de la variété de noms à consonance française retenus par les établissements. Lorsque l'enseigne commerciale n'est pas suffisamment expressive ethnolinguistiquement, comme par exemple dans le cas du motel Sun Manor, on indique au bas « TV en français ». Pour les restaurants-bars floribécois, comme le Starting Point, on mettra une affiche dans une fenêtre avec un menu en français et le nom de l'artiste invité (toujours un Canadien français).

Les affiches publicitaires se situent au second rang quant à l'occupation de l'espace communicationnel floribécois. Surtout concentrées, elles aussi, en bordure de la plage, ces affiches prennent plusieurs formes. Plusieurs d'entre elles se trouvent sur les bancs publics le long du *Boardwalk*. On peut y lire par exemple que la chanteuse Pier Béland sera en spectacle dans un hôtel de Sunny Isles pendant le mois de mars. Les affiches servent aussi à faire connaître aux touristes canadiens-français les quelques cliniques médicales qui disposent d'un personnel francophone (le plus souvent quelques infirmières québécoises). À l'occasion, on verra un des ces bancs publicitaires affichant un commerce floribécois à l'extérieur du Petit Québec. Les arrêts d'autobus situés le long de la rue Sheridan et de l'autoroute fédérale comptent aussi quelques-unes de ces affiches.

Les journaux du Québec constituent un autre moyen de communication dans l'espace floribécois. La majorité des supermarchés et plusieurs dépanneurs vendent les principaux journaux québécois tels que *Le Journal de Montréal*, *La Presse* et, dans une moindre mesure, ceux destinés à de plus petits marchés francophones comme *Le Soleil* de Québec et *Le Droit* d'Ottawa-Hull. À noter qu'il est difficile de se procurer *Le Devoir*, un quotidien qui a la réputation de ne pas être lu par les classes populaires du Québec. Les dépanneurs floribécois offrent également des magazines comme le *Lundi* et *7 Jours*, tandis que les quelques dépanneurs américains situés à Floribec se limitent généralement à quelques journaux. Par contre, on trouve sur la rue Johnson, artère la plus appréciée des touristes canadiens-français et porte d'entrée du pôle, un petit dépanneur dont le propriétaire et ses employés, tous Américains, vendent une sélection très large de médias écrits québécois.

Mais Floribec possède aussi son propre journal : le mensuel *Le Soleil de la Floride*, qui existe depuis 1983 et qui dessert les Floribécois, les touristes et même les Québécois au Québec. Ce journal vise d'abord à informer les touristes sur ce qui se passe à Floribec et sur les événements à venir. Il a aussi pour mandat de rejoindre la clientèle des commerces floribécois, car une forte proportion de ces derniers y font de la publicité. Ce journal est sans contredit une institution floribécoise importante puisque qu'il permet aux commerçants de communiquer entre eux, en plus de se faire connaître auprès des lecteurs. *Le Soleil de la Floride* est également l'organe de la French Florida Association, maintenant appelée Floride Française, Loisirs, Activités (FFLA), un regroupement de Floribécois et d'hivernants canadiens-français. La FFLA fait connaître, avec succès, la culture floribécoise, son tourisme et ses commerçants. L'association se donne comme autre mandat d'encourager les commerçants floribécois à se regrouper, à former des réseaux et à discuter des problèmes auxquels ils doivent faire face au sein de l'économie américaine. La FFLA reconnaît annuellement, par l'entremise d'un concours, le succès de ses principaux leaders. À travers son journal, la FFLA se veut la voix de Floribec et de ses institutions, tant en Floride qu'au Québec. Notons que d'autres journaux et magazines floribécois font surface de temps à autre, mais leur durée de vie se limite souvent à quelques mois. Ainsi *Le Francophone international*, hebdomadaire publié par la même compagnie que *Le Soleil de la Floride*, a fait son apparition sur le marché après notre séjour à Floribec. Ce jeune journal a un contenu orienté vers l'actualité politique et économique, canadienne et américaine, et il vise principalement les Floribécois, les touristes québécois en visite en Floride, de même que les autres francophones qui habitent Miami.

Enfin, l'espace communicationnel floribécois a disposé, à certains moments, d'une chaîne de télévision. Ici encore, la durée de vie varie grandement. Au moment d'écrire ces lignes, *Bonjour USA* diffusait, par l'intermédiaire d'une compagnie de câblodistribution floridienne, des émissions québécoises pour les Floribécois et les touristes canadiens-français. La plupart des restaurants, des bars et des motels floribécois et parfois même américains syntonisent pour leurs clients cette chaîne spécialisée. D'autres commerçants préfèrent utiliser une antenne parabolique pour capter la télévision du Québec afin d'attirer les touristes qui ne peuvent se passer de leurs téléromans favoris. Il semble que de disposer de la télévision québécoise soit une formule gagnante pour tous les commerçants, floribécois, ou non, qui désirent s'approprier la clientèle canadienne-française.

Une station de radio appelée Radio Floride diffuse les matins de semaine des émissions d'actualité québécoises et floribécoises pour les résidants et touristes canadiens-français. Certains bulletins de nouvelles proviennent de CKAC à Montréal. Le reste de la journée est dédié à la musique de langue française. Cette station est consciente toutefois de la présence de nombreux francophones d'autres groupes ethniques qui habitent Miami et, tout comme dans *Le Francophone international*, on traite donc d'actualité européenne et haïtienne. Reste à voir à quel point ce marché fait usage de ces médias floribécois.

Les touristes du Québec servent également de liens communicationnels avec Floribec, car ils jouent un rôle-relais. En effet, lors de leur séjour à Floribec, ils informent les résidants du Québec. Et, une fois de retour au Québec, les touristes québécois renseignent les leurs sur ce qui se passe dans la communauté floribécoise. En troisième et dernier lieu, les touristes québécois véhiculent de l'information à l'intérieur même de la communauté, c'est-à-dire qu'ils partagent avec les résidants et les commerçants floribécois leur expérience de voyage, leur vision, leur perception de la communauté. En fait, ils participent à la circulation de l'information à travers les réseaux sociaux communautaires.

Nous nous devons d'ajouter que cet espace communicationnel, et les communications à distance en particulier, ouvrent la communauté floribécoise sur l'extérieur. Les communications à distance illustrent la force des liens de Floribec avec le foyer québécois. Elles diminuent l'isolement géographique et psychologique de Floribec en créant des rapports socioculturels immédiats avec le Québec. Certes, l'éloignement demeure, mais la communauté se rapproche en quelque sorte du Québec par l'entremise des divers réseaux de communication qui l'y rattachent. Ce type d'espace vient modifier grandement la notion traditionnelle de la communauté en y ajoutant une dimension immatérielle, voire virtuelle (médias).

Ce que l'on doit retenir de cette partie du chapitre est que Floribec est facilement observable pour celui qui est étranger à cet espace ethnolinguistique en milieu anglophone. Des indices, variés et très nombreux dans le paysage, laissent voir la présence d'une communauté de langue française dynamique, qui accueille les touristes qui partagent la même langue et la même culture. Enfin, l'observateur est également en mesure de noter une diminution assez nette des divers marqueurs sociospatiaux de la communauté floribécoise à mesure qu'il s'éloigne de la rue Sheridan au nord et du boulevard Hallandale Beach au sud, et des routes *Ocean* à l'est et Dixie à l'ouest.

Ayant décrit la vie quotidienne de Floribec sous trois angles spatiaux différents, il s'agira maintenant de voir plus en détail les services et les institutions que les résidants ont mis sur pied, et ce, encore une fois, avec les yeux d'un observateur-chercheur.

LES LIEUX STRUCTURANTS FLORIBÉCOIS

Au début des années 1990, Floribec est plus qu'une destination touristique prisée des Canadiens français ne voulant pas être dépaysés. Comme nous l'avons mentionné auparavant, il s'agit d'un espace ethnolinguistique disposant de services dont certains sont devenus de véritables institutions, ce qui explique, selon nous, qu'il s'y soit développée une vie communautaire. Les leaders floribécois ont mis sur pied ces services pour survivre financièrement, certes, mais aussi pour recréer un mode de vie francophone adapté à leurs besoins dans cette terre d'accueil tropicale. La seconde partie de ce chapitre portera donc sur les différents types de services dont les Floribécois se sont dotés, sur leur rôle dans la constitution d'un espace communautaire, de même que sur leurs fonctions dans l'économie touristique de Floribec.

L'observateur qui découvre l'espace floribécois remarque plusieurs commerces s'affichant partiellement ou entièrement en français. Plusieurs de ces commerces servent de lieux structurants pour la communauté, tandis que d'autres font office de véritables institutions. Qu'entendons-nous par « lieu structurant »? Le terme renvoie à tous ces lieux autour desquels se structure la vie communautaire et qui lui permettent de prendre forme : lieux de travail, commerces de toutes sortes (restaurant, magasin, salon de coiffure, agence immobilière, cabinet de médecin, etc.), lieux de divertissement (parc, cinéma, terrain de sport, etc.). Ces lieux structurants servent de liens entre les membres de la communauté. Ils les utilisent pour se rencontrer, discuter et échanger des informations, des services et des biens. Pôles autour desquels s'organisent les relations communautaires, ils servent souvent de foyers d'identification pour les membres.

Pour sa part, le concept d'institution renvoie à l'idée de transmission de la culture et à celle de modalités de conduite. Les institutions se carctérisent non seulement par une certaine permanence, mais elles structurent également des manières de faire, de sentir et de penser (Bernard, 1986; Rocher, 1992). L'école, l'église, le centre culturel, le journal, la caisse populaire, la chambre de commerce figurent parmi les organisations formelles qu'on associe à la communauté (Turmel, 1996; Breton, 1964). Bref, elles ont à la base le même mandat d'animer et de maintenir la vie socioculturelle et économique de la communauté, et de faire en sorte que les membres deviennent actifs au sein de leur communauté.

Motels et restaurants
Les services et les institutions floribécois sont presque exclusivement à vocation commerciale. Les motels et restaurants jouent un rôle particulier comme lieux par lesquels Floribec a pris forme et se maintient. Étant

donné que les commerces floribécois situés à l'extérieur de l'espace couvert par la figure 3 sont peu ou pas visibles, nos observations se limiteront à ceux localisés à l'intérieur de cet espace.

L'hébergement

Dans une première catégorie de lieux autour desquels se structure Floribec, nous retrouvons les motels (une cinquantaine recensés) dirigés par des émigrants canadiens-français, ou ayant des employés d'origine canadienne-française, et dont les enseignes sont partiellement ou entièrement rédigées en langue française. C'est à partir de ces indices que nous avons été en mesure de saisir toute l'ampleur de ce secteur dans l'économie floribécoise. En fait, il en est la base.

La plus grande concentration de motels dans la région de Hollywood, de Hallandale et de Dania se situe dans le pôle évoqué plus haut. C'est aussi à cet endroit que la majorité des « moteliers » floribécois se trouvent. Ici plus qu'à l'extérieur du pôle, les motels sont d'allure très modeste et d'apparence plus ou moins soignée. Seulement quelques-uns attirent l'attention par leur propreté : ils se comptent en effet sur les doigts d'une seule main.

Souvent, les Floribécois qui possèdent un motel habitent d'abord dans une chambre adjacente au bureau d'accueil, faisant de leur résidence un lieu fort modeste en taille et en mobilier, surtout lorsqu'il y a des enfants. Lorsque les affaires se portent mieux, certains agrandiront leur résidence en y ajoutant une deuxième chambre de motel. D'autres se permettront d'acheter une maison mobile ou une résidence unifamiliale, généralement à proximité du motel.

Si le scénario du film québécois *La Florida* (Couture et Sarrazin, 1993) est plausible à plusieurs égards, il existe néanmoins des moteliers qui connaissent du succès avec leur entreprise. Par exemple, près de l'autoroute fédérale se situe Bernard's Apartments, un motel très chaleureux et bien entretenu. La famille qui dirige ce motel connaît un vif succès auprès de sa fidèle clientèle canadienne-française depuis une dizaine d'années. Les propriétaires ont pu acquérir une belle demeure en face du motel. Ce cas particulier d'une famille floribécoise a attiré l'attention d'un journaliste du *Miami Herald*, qui a publié ce *success story* floribécois dans son quotidien à grand tirage.

D'après nos conversations avec des moteliers floribécois, non seulement ces derniers obtiennent-ils peu ou pas de succès avec leur entreprise, malgré leur grande motivation initiale, mais le nombre d'entre eux qui demeure dans ce type d'industrie après un échec (financier ou autre) est généralement faible. Plusieurs raisons expliquent cela : difficultés financières, manque de connaissances de l'industrie touristique, fatigue ou dépression, solitude et ennui. Mais si ce type d'entreprises occupe toujours un rôle important dans l'économie floribécoise, c'est parce qu'il y a continuellement de nouveaux émigrants canadiens-français qui tentent leur chance.

La restauration
D'après nos observations de l'espace floribécois, le secteur de la restauration se situe au second rang en ce qui a trait à la visibilité. Et les Floribécois qui ont choisi la restauration pour vivre leur rêve floridien l'ont fait pour les mêmes raisons que ceux ayant investi dans l'hôtellerie, c'est-à-dire pour attirer les touristes canadiens-français, offrir des services en français et, ainsi, vivre en français.

Si aucun motel floribécois n'a fait sa marque, certains de ses restaurants sont connus jusqu'au Québec, du moins parmi les habitués de Hollywood. De plus, le secteur de la restauration floribécoise compte un établissement qui semble être une véritable institution au sein de la communauté.

Encore une fois, la majorité des restaurants floribécois, dont plusieurs se transforment en bars au coucher du soleil, sont localisés dans le périmètre défini à la figure 3. Les plus connus se trouvent dans le pôle socioculturel, plus précisément sur le *Boardwalk*, face à l'Atlantique. En fait, si les motels permettent aux touristes canadiens-français d'être hébergés dans leur langue et de pouvoir regarder « leur télé », les restaurants-bars servent eux aussi de lieux structurants. Car c'est dans ce type d'établissements que se rassemblent les touristes canadiens-français, et même certains Floribécois, qu'ils soient du secteur de Hollywood, de Dania, de Hallandale ou du Grand Miami.

De manière générale, la restauration constitue à Floribec, après l'hébergement, le plus important service recherché par les touristes, et c'est pourquoi ce secteur est si bien développé. Parmi les premiers touristes canadiens-français, certains ont rapidement compris, à partir de leur propre expérience, qu'ils pourraient survivre, voire même vivre confortablement, en ouvrant des restaurants qui offriraient des mets canadiens-français et où le service serait en français. Il semble bien qu'ils aient vu juste. Si on ne se bouscule pas aux portes pendant l'été, et si certains restaurateurs floribécois préfèrent fermer leur entreprise durant la saison morte, la haute saison, elle, est tout autre. Par exemple, La Gaspésienne, Le Pôle nord, La Brochetterie, tous situés côte à côte, se livrent une vive compétition durant la haute saison. Aux heures de repas, les propriétaires, tous floribécois, voient leurs établissements se remplir à pleine capacité de touristes canadiens-français. Pendant la soirée, on sert de l'alcool à cette même clientèle et certains propriétaires se plaisent à discuter avec eux. La photographie de la propriétaire de La Gaspésienne étant sur toutes les affiches et dépliants publicitaires du restaurant, les clients qui la reconnaissent aiment bien la féliciter pour son ragoût ou autre mets typique.

Mais le restaurant-bar le plus visité par les touristes canadiens-français et, sans aucun doute, le mieux stratégiquement localisé de Floribec est le Frenchie's Café. Cette institution joue un rôle dominant dans la survie touristique et socioculturelle de la communauté floribécoise, car elle symbolise pour les touristes canadiens-français qui la fréquentent « le plaisir près de la plage de Hollywood ». Le Frenchie's Café est situé au coin de la rue Johnson et du *Boardwalk*, les deux artères qui forment le cœur du pôle floribécois. Se trouve aussi à cette intersection très achalandée la scène de la rue Johnson (utilisée par la FFLA pour la remise de prix), avec ses nombreux bancs qui servent de points de rendez-vous.

Le Frenchie's Café offre tout ce que les touristes canadiens-français recherchent lorsqu'ils visitent Hollywood. D'abord, le service, sans prétention, est effectué par un personnel canadien-français, et la nourriture répond aux exigences des nombreux clients qui s'y rendent. Par exemple, le populaire et peu cher déjeuner comprend des fèves au lard et des cretons. On peut donc déguster à peu de frais un copieux déjeuner canadien-français, entouré de vacanciers francophones qui, à l'occasion, interpellent leurs voisins de table pour les informer de la température au Québec, ou pour savoir quel temps il fera sur la plage. Le personnel de cette institution sociale floribécoise répond aussi aux innombrables questions des touristes qui désirent en savoir plus sur Floribec.

Il y a un autre aspect qui caractérise le Frenchie's Café. En effet, un chansonnier québécois occupe la scène chaque soir, et ce, au grand bonheur des touristes canadiens-français qui boivent, chantent et dansent tant à l'intérieur qu'à l'extérieur. Nulle part ailleurs voit-on une aussi grande concentration de Canadiens français dans le Petit Québec. Et lorsqu'il y a un événement en soirée sur la scène de la rue Johnson, on peut alors facilement rencontrer des centaines de Canadiens français entassés dans le Frenchie's Café, mais aussi dans la rue Johnson, sur les bancs qui font face à la plage et à la scène, et sur le *Boardwalk*.

Bref, plus que tout autre restaurant et bar floribécois, le Frenchie's Café joue le rôle de pilier de la vie touristique et socioculturelle de Floribec. Par sa localisation centrale et son ambiance canadienne-française sans pareille, il sert de principal lieu de rencontre pour la plus importante concentration de touristes canadiens-français, et lors des événements qui se déroulent pour eux sur la scène de la rue Johnson. Mais par-dessus tout, ce restaurant sert de support sociospatial à la communauté floribécoise. Sans son existence, les touristes canadiens-français, et certains Floribécois, ne disposeraient d'aucun lieu de rencontre socioculturel floribécois aussi convivial. Le Frenchie's Café est donc plus qu'un service. Il figure parmi les principales institutions de Floribec.

D'autres restaurants, dont la majorité se transforment en bars le soir, méritent d'être mentionnés. Sur la promenade, il y a le Starting Point, qui offre des services identiques à ceux du Frenchie's Café, sans posséder d'aucune manière la même réputation. D'ailleurs, les artistes qui y sont à l'affiche sont moins connus. Il faut mentionner aussi le restaurant Au Coq, sur l'autoroute fédérale, qui attire également plusieurs touristes canadiens-français. Pendant la haute saison, une longue file d'attente décourage ceux qui souhaitent déguster du poulet. Sur la route Dixie se trouve le Club canadien, un club de danse très bien établi et populaire depuis plusieurs années auprès des touristes en provenance du Québec.

Autres points d'ancrage de la vie française

Outre l'hébergement et la restauration, les commerçants d'origine canadienne-française offrent une variété considérable de services aux Floribécois et aux touristes. Ils sont mécaniciens, coiffeurs, agents immobiliers, agents d'assurances, déménageurs, plombiers, etc. Ils sont aussi partie intégrante de Floribec, dont ils assurent l'existence. Certains d'entre eux jouent un rôle-clé dans la structuration de la communauté. D'autres lieux doivent aussi être soulignés, tels les lieux de rencontre qu'offrent la plage et le *Boardwalk*. Voici donc un aperçu des autres points d'ancrage communautaires que nous avons relevés lors de nos recherches à Floribec.

En ce qui concerne les services financiers, nous devons signaler la présence des succursales floridiennes de la Banque nationale du Canada et de la Caisse populaire Desjardins. La Banque nationale, rebaptisée en Floride NatBank, a deux adresses, toutes deux à l'extérieur de la zone délimitée à la figure 3 : l'une à Pompano Beach et l'autre à Hollywood, au coin de l'autoroute 95 et de la rue Sheridan. Une visite dans ces succursales nous a vite convaincu que la NatBank ne semblait pas mettre autant d'efforts que la Desjardins Federal Savings Bank pour attirer les touristes canadiens et les Floribécois. Ce qui nous a le plus frappé est que le français ne domine ni chez les clients, ni chez les employés. Par contre, la Desjardins Federal Savings Bank, située sur le boulevard Hallandale Beach, beaucoup plus près du centre des activités économiques floribécoises, se rapproche des services qu'elle offre au Québec en termes de services. La plupart des clients, d'ailleurs très nombreux, proviennent du Québec, et les employés sont tous Canadiens français. On a véritablement l'impression que la Desjardins Federal Savings Bank veut recréer l'atmosphère typique des caisses populaires du Québec, et, disons-le, elle y réussit. La « caisse pop » floribécoise semble plus près que la NatBank des touristes en visite à Floribec, de même que des travailleurs québécois saisonniers dans la région, par les services en français qu'elle leur offre. Le fait qu'elle soit située à proximité du centre floribécois y contribue sûrement beaucoup.

Le secteur de la santé mérite également notre attention. Les cliniques médicales disposant d'un personnel parlant français, bien connues des touristes canadiens-français, se situent à proximité du centre de la communauté floribécoise. On a pu remarquer une compétition assez vive entre deux cliniques pour attirer la clientèle des touristes et celle des résidants d'origine canadienne-française (Stat et Hollywood Medical Center), et ce, à un point tel que l'une d'entre elles fait non seulement de la publicité en français sur les bancs publics du *Boardkwalk*, mais également sur les autobus du système de transport en commun du comté de Broward (Broward County Transit).

Parmi les autres services floribécois, on retrouve ceux de type juridique. Les avocats et les notaires aiment bien se trouver tout près des clients potentiels, c'est-à-dire les touristes canadiens-français qui possèdent une propriété en Floride ou encore ceux qui souhaiteraient en acquérir une. C'est pourquoi on trouve bon nombre de ces professionnels dans Hollywood et dans les villes limitrophes. Il faut noter cependant que certains d'entre eux se sont installés à l'extérieur du principal pôle d'attraction floribécois.

Plusieurs agences immobilières préfèrent aussi s'établir à l'extérieur de Hollywood, de Dania et de Hallandale, car ces villes ne comptent pas suffisamment de copropriétés et de développements résidentiels pour retraités, qui sont la cible première de l'activité immobilière. Également, les agents immobiliers ne pourraient pas dépendre entièrement d'une clientèle telle celle qui fréquente Floribec. De toute manière, cette dernière n'a aucun désir de s'éloigner de cette zone, et les agents immobiliers auraient peu à gagner à brasser des affaires dans ce secteur composé de vieux motels et de résidences souvent dégradées, que les assureurs évitent. C'est pourquoi les agents immobiliers d'origine canadienne-française ont leur adresse à Lauderdale-By-The-Sea ou à Pompano Beach, des banlieues où les copropriétés poussent à vue d'œil et qui attirent de plus en plus de touristes canadiens-français de la classe moyenne-supérieure.

Enfin, il existe des dizaines de petits entrepreneurs et de travailleurs autonomes floribécois qui dépendent eux aussi du flux de touristes en provenance du Québec, en plus des Floribécois. On pense aux déménageurs qui se spécialisent dans le transport entre Montréal et Miami et qui visent, au premier plan, les hivernants qui souhaitent emporter des meubles dans leur copropriété ou maison mobile. Il y a aussi les rembourreurs qui réparent et nettoient les meubles que les touristes et les Floribécois ont laissés à la chaleur et à l'humidité lors de leur départ pendant les chauds et orageux mois d'été floridiens.

Comme dernier marqueur de la vie quotidienne floribécoise, on ne saurait ignorer le dépanneur Lucky 7 de Dania, qui joue un rôle central dans l'espace communautaire floribécois. Si le secteur de l'alimentation n'est pas l'affaire des Floribécois, ce dépanneur a par contre réussi à s'implanter dans la communauté d'une manière exceptionnelle. Le propriétaire floribécois de ce dépanneur réussit à satisfaire les touristes canadiens-français qui s'ennuient de certains aliments de chez eux non disponibles dans l'État du soleil. Une gamme assez large de magazines québécois est également offerte. De plus, ce dépanneur, lieu structurant majeur, sert de centre d'informations pour les touristes et les nouveaux émigrants canadiens-français qui songent à s'installer dans la région. Une foule de commerçants et de spécialistes floribécois déposent leur carte professionnelle chez ce détaillant.

Mais le point d'ancrage principal de la communauté floribécoise est sans aucun doute la plage et le *Boardwalk*. Ce lieu, à lui seul, incarne la vie à Floribec : la plage, le soleil, les discussions autour d'une bière dans les bars floribécois, etc. Sans la plage, et surtout le *Boardwalk*, on est en droit de se demander si Hollywood aurait su attirer autant de touristes et d'émigrants canadiens-français. Les touristes s'y font bronzer, certes, mais ils y circulent également par milliers, tout en visitant les nombreux commerces floribécois qui lui sont adjacents, ce qui explique pourquoi leurs propriétaires (restaurateurs et moteliers) font des affaires d'or depuis des années. Plus on s'éloigne de la plage et du *Boardwalk*, moins les touristes canadiens-français et les commerces floribécois sont nombreux.

C'est également à cet endroit que se déroule le CanadaFest. Ce festival, organisé par les Floribécois, vise à célébrer la culture canadienne-française en Floride. Il est d'une importance capitale pour la communauté floribécoise. Depuis 1994, chaque année en février, des milliers de touristes canadiens-français se regroupent sur le principal lieu structurant de Floribec, c'est-à-dire la plage et le *Boardwalk*, pour voir les Floribécois vendre leurs produits, démontrer leur savoir-faire ou faire connaître leur entreprise. On y trouve des kiosques vantant des produits de toutes sortes (livres de recettes, climatiseurs, etc.), et faisant de la publicité pour différentes activités culturelles (chansonniers, cours de danse, etc.). Au moment du CanadaFest, les commerçants floribécois partagent ainsi les abords de la plage avec les milliers de touristes canadiens-français, donnant à ce lieu un pouvoir d'attraction plus grand encore qu'à l'accoutumée.

Ce festival, qui contribue à faire de la plage et de ses environs le lieu le plus symbolique de la communauté, est non seulement un élément rassembleur, mais il est aussi devenu l'une des principales institutions de Floribec. Il incarne ce qu'est Floribec : une communauté formée de gens d'origine canadienne-française appartenant à la classe populaire, idéalisant le style de vie de Miami, fréquentant les mêmes lieux de vie française — essentiellement des commerces — et dont la survie repose, à tous points de vue, sur un tourisme balnéaire de masse qui est à son image. Le festival concrétise en quelque sorte l'existence de Floribec comme communauté dans la région de Miami.

Si les communautés canadiennes-françaises de la Nouvelle-Angleterre se rallient autour de la fête de la Saint-Jean-Baptiste, celle de la Floride célèbre dans le cadre d'un festival non religieux, qui vise plutôt à promouvoir ses atouts commerciaux. Cependant, la religion n'est pas absente de Floribec. Loin d'occuper le haut du pavé comme c'était le cas en Nouvelle-Angleterre au début du siècle, l'Église offre des occasions de rassemblement aux Floribécois et aux touristes canadiens-français. Pendant la haute saison touristique, l'église The Resurrection of Our Lord de Dania offre des messes en français, célébrées par un prêtre canadien-français. Tous les dimanches à 19 h, les touristes canadiens-français remplissent à pleine capacité les centaines de places de ce temple entouré de palmiers. Le stationnement, d'une dimension considérable, ne compte pratiquement que des voitures aux plaques qui portent l'inscription « Je me souviens ». Tout comme au Québec, la moyenne d'âge des fidèles est quelque peu élevée. Après la cérémonie, les voitures, pare-choc à pare-choc, se dirigent vers les principaux restaurants et bars floribécois. Ceux qui retournent à leur motel se rassemblent entre amis dans une chambre ou autour de la piscine pour profiter des chaudes soirées d'hiver de la Floride. Aussi remarque-t-on à la période de Pâques des cérémonies religieuses célébrées par des prêtres canadiens-français à l'extérieur des motels floribécois. Il s'agit d'un service que les moteliers offrent pour attirer, ou conserver, leur clientèle.

Ainsi, l'Église contribue, jusqu'à un certain point, à structurer Floribec. Peut-être n'a-t-elle pas un impact aussi grand qu'en Ontario français, par exemple (Farmer, 1996; Gaffield, 1993), mais elle demeure néanmoins un lieu structurant floribécois à part entière.

On voit donc qu'il y a une grande diversité de points d'ancrage sociospatiaux floribécois autour desquels les résidants, qui les ont eux-mêmes mis sur pied, et les touristes canadiens-français, se rallient, se rencontrent, échangent et, surtout, développent un sentiment d'appartenance envers leur communauté. Et plus les individus fréquentent ces lieux structurants, plus ils s'identifient à leur communauté.

UNE GÉOGRAPHIE MARQUÉE PAR LE TOURISME

L'économie de Floribec repose principalement sur le tourisme. En fait, c'est à cause du tourisme que des institutions floribécoises ont pu se développer dans cette région de la Floride. Également, le tourisme est le principal ingrédient de la vie communautaire active que connaît Floribec. Dans cette dernière partie du chapitre, nous montrerons que l'organisation spatiale de Floribec est typique de celle d'une station balnéaire.

Les communautés canadiennes-françaises de l'Ontario ou de la Nouvelle-Angleterre vivaient de l'exploitation des matières premières ou de leurs longues heures de travail dans les usines de textile. La communauté floribécoise se distingue largement de ces dernières, et ce, non seulement parce que ses membres ont émigré dans des circonstances fort différentes, mais aussi parce qu'ils se sont bâti une économie de type tertiaire, donc basée sur les services et, surtout, sur l'industrie touristique. En effet, Floribec existe uniquement parce que des milliers de Canadiens français ont découvert et adopté, comme vacanciers, hivernants ou résidants, la région de Hollywood. Tel qu'indiqué précédemment, le foyer canadien-français de la Floride a pris naissance quelques années après que des touristes fidèles au sud de l'État du soleil eurent décidé de s'y établir en permanence et d'offrir des services en français à leurs confrères et consœurs du Canada qui les visitaient. Petit à petit, Floribec a pris l'ampleur qu'on lui connaît aujourd'hui.

Ainsi, Floribec dépend du tourisme, comme le Petit Canada de Lowell dépendait du textile. Et non seulement pouvons-nous observer cette dépendance du tourisme dans le paysage et dans l'espace-temps floribécois, mais aussi à travers l'influence que l'industrie touristique exerce sur l'organisation spatiale de la communauté.

En effet, Floribec épouse la forme typique des stations balnéaires. Le pôle principal, identifié plus haut comme le cœur de Floribec, prend la forme d'un « T », typique des districts d'affaires récréationnelles (DAR) de plusieurs autres stations balnéaires nord-américaines. On retrouve ces DAR dans des villes orientées exclusivement vers le tourisme, comme Atlantic City, Virginia Beach, Myrtle Beach (Janiskee, Mitchell et Maguire, 1996) et, plus près de nous culturellement et géographiquement, Old Orchard Beach et Hampton Beach. Le DAR floribécois, comme celui des autres stations balnéaires, dispose d'un « *strip* » linéaire parallèle à la plage, le *Boardwalk*, et d'une rue principale perpendiculaire à celle-ci, la rue Johnson. Sur ces deux artères vitales du DAR, on trouve la plupart de ce que les pionniers du concept de DAR décrivent : « [a] *seasonally oriented linear aggregation of restaurants, various specialty food stands, candy stores and a varied array of novelty and souvenir shops that cater to visitors' leisurely shopping needs* » (Stansfield et Rickert, 1970, p. 219). Dans les rues adjacentes à ces deux artères de Floribec pleuvent des motels bas de gamme. On y trouve aussi quelques rares commerces.

Le DAR, qui fait office de centre d'activités économiques de la communauté, n'est rien de moins que la raison d'être de Floribec; il est le cœur de la communauté. Principal pôle d'attraction des touristes canadiens-français, il concentre une grande partie des services qui leur sont destinés. Les multiples raisons de s'y rendre expliquent la très haute densité de touristes canadiens-français, de motels et de restaurants floribécois et la présence de l'institution sociale dominante qu'est le Frenchie's Café, situé au centre du DAR, à l'intersection de la rue Johnson et du *Boardwalk*, là où les touristes canadiens-français se comptent parfois par centaines. C'est le DAR, avec sa plage, ses palmiers, son *Boardwalk* et ses nombreux services offerts en français aux touristes, qui donne son sens, son identité à Floribec. En quelque sorte, il sert d'organe vital à la communauté tout entière, et lorsqu'il est malade, tous s'en ressentent socialement, culturellement et, surtout, économiquement. Cela arrive généralement lorsque les touristes canadiens-français boudent Floribec pour une raison ou pour une autre (taux de change défavorable, température peu attrayante en Floride du Sud, récession économique au Québec, etc.). Bref, le DAR donne le rythme à la vie quotidienne et touristique floribécoise.

Le DAR floribécois se présente assez bien cartographiquement. Les observations que nous avons faites montrent que les frontières du DAR sont bien délimitées : il est coincé, d'une part, entre la mer et l'*Intercoastal Seaway*; d'autre part, il est limité au nord par la rue Sheridan et au sud par le boulevard Hollywood. L'analyse montre aussi que la densité des activités et des géosymboles floribécois diminue rapidement une fois à l'extérieur de Floribec. Ainsi, la communauté dispose d'un centre formel, bien circonscrit et facile à repérer.

* * *

La communauté floribécoise des années 1990 jouit donc d'un district des affaires orienté vers le tourisme, qui lui-même fait partie d'un centre plus large où se regroupe l'essentiel des services floribécois, mais dont les lieux structurants sont davantage dilués dans le paysage alors plus typiquement américain. Ce centre, que nous avons cartographié à la figure 3, est entouré d'une périphérie où les géosymboles floribécois sont pour leur part beaucoup moins nombreux. Le nombre de résidences et de commerces floribécois diminue, ce qui rend la délimitation territoriale de la communauté plus délicate dans cette partie de Floribec, du moins à ce stade-ci de notre analyse. Pourtant, la périphérie ne fait pas moins partie de l'espace floribécois qui s'étend, à la faveur des pratiques quotidiennes, bien au-delà du centre.

Le chapitre 3 permettra de poursuivre notre description du rôle de l'espace dans la formation de Floribec. Nous y explorerons, de l'intérieur, la vie de Floribec par l'entremise d'entrevues auprès de commerçants canadiens-français ayant émigré dans la région de Miami.

CHAPITRE 3

PARLER AVEC LES FLORIBÉCOIS

Floribec n'est pas invisible. Au contraire! Il s'observe dans le paysage, que l'on soit francophone ou non. La vue qu'il offre est suffisamment riche en géosymboles pour que l'on soit en mesure de noter, dans les rues de Hollywood et de Dania, la présence d'un groupe vivant dans une langue différant de celle du groupe majoritaire, les Anglo-Saxons américains. Mais on ne peut avoir une image complète de Floribec seulement à partir de ces géosymboles. La géographie de Floribec exige qu'on se tourne du côté de ceux qui donnent vie à la communauté à travers leurs pratiques quotidiennes. Nous posons alors la question : qu'en est-il de la géographie de ceux qui l'animent?

Nous avons procédé à une analyse géographique de la communauté floribécoise à partir d'une enquête réalisée auprès de commerçants[11] floribécois, ce qui nous a permis de faire la lumière sur les espaces de la communauté tels que les voient les Floribécois eux-mêmes. Ce second volet analytique de Floribec permettra d'approfondir et de compléter notre compréhension de la vie quotidienne dans la communauté floribécoise.

Ce chapitre se divise en cinq parties, lesquelles s'inspirent de l'organisation du questionnaire utilisé lors de notre enquête auprès des commerçants floribécois. La première portera sur la méthode d'enquête adoptée, sur le type d'information recueillie et sur le traitement des données. Les quatre points suivants traiteront exclusivement des résultats de l'enquête. En plus de donner le profil des répondants,

---

[11] Nous entendons par « commerçants » la ou les personnes propriétaire(s) d'un commerce. Lors de nos entrevues, il s'agissait d'un propriétaire unique, d'un couple ou d'une famille. Nous n'avons pas limité le nombre d'interlocuteurs par visite, étant donné que nous voulions obtenir le plus d'informations possible.

nous verrons d'abord ce qui les a motivés à émigrer en Floride. Il sera question ensuite de l'activité commerciale des Floribécois interrogés et du profil sociospatial de leur clientèle. La section suivante présentera les différents réseaux auxquels appartiennent les Floribécois et sur lesquels se fonde leur vie communautaire, alors que la dernière nous en apprendra davantage sur ce qu'est pour eux le « Petit Québec ». Nous y résumerons leurs propos sur les sentiments qui les lient à cet espace de vie principal de la communauté floribécoise.

L'ENQUÊTE

En introduction, nous avons abordé brièvement notre approche méthodologique, basée sur le recours aux méthodes qualitatives. Selon nous, ces méthodes sont celles qui se prêtent le mieux à l'étude de la communauté, surtout lorsqu'il s'agit de déterminer l'usage que font ses membres de l'espace autour duquel elle s'organise, et leur perception des lieux et du territoire. Comme l'a si bien indiqué le géographe Peter Jackson (1985, p. 111), l'ethnologie urbaine, laquelle nous a inspiré dans l'élaboration de notre méthode de recherche, « *provides a model for sensitive, first-hand descriptions of city life with a respected intellectual tradition already familiar to geographers* » (École de Chicago). Les pages qui suivent nous permettront de décrire plus en détail la méthode d'enquête privilégiée ici, ainsi que les modalités de traitement des résultats.

Les répondants

Dans le cadre de notre étude de cas sur la communauté floribécoise, nous voulions mettre en valeur les rapports objectifs et subjectifs qu'entretiennent les individus avec leur milieu de vie. Pour ce faire, nous avons discuté avec nos interlocuteurs de leur vie quotidienne et de leurs préoccupations dans ce milieu francophone minoritaire qu'est Floribec. Mais qui était en mesure de nous livrer l'information désirée? Comment entrer en contact avec de tels interlocuteurs? Et aussi, comment s'y prendre pour réaliser les entrevues?

Mentionnons d'abord que notre enquête a eu lieu de la mi-janvier à la fin de février 1996, période où les Floribécois sont les plus accessibles, car en pleine saison touristique. Rappelons aussi que notre enquête a été effectuée auprès de commerçants floribécois. Mais pourquoi avoir choisi ces derniers comme répondants? Parce que le commerce étant la raison d'être de Floribec, ces commerçants jouent un rôle central dans la structuration de l'espace communautaire floribécois. Ils en sont les piliers les plus solides et, en tant que tels, ils sont les mieux placés pour bien nous renseigner sur la vie quotidienne à Floribec. N'oublions pas que les commerçants sont bien davantage que de simples résidants de Floribec : ils créent l'activité autour de laquelle se déploie la communauté. Ce sont eux qui, en quelque sorte, ont mis sur pied la structure sociospatiale de Floribec. Le fait qu'ils jouent un rôle central dans la communauté explique que nous ayons choisi des commerçants floribécois comme interlocuteurs, choix qui s'inspire de ce que Catherine Marshall et Gretchen B. Rossman (1995) appellent *elite interviewing*. Selon ces spécialistes des méthodes qualitatives :

> *Elite individuals are considered to be the influential, the prominent, and the well-informed people in an organization or a community and are selected for interviews on the basis of their expertise in areas relevant to the research. Elite interviewing has many advantages. Valuable information can be gained from these participants because of the position they hold in social, political, financial, or administrative realms. Elites can usually provide an overall view of an organization or its relationship to other organizations. They are more likely than other participants to be familiar with the legal and financial structures of the organization or the community* (p. 83).

Nous avons repéré nos répondants à partir de la même liste des 151 commerces floribécois utilisée plus tôt dans la recherche. Une fois sur le terrain, nous avons interrogé les propriétaires de ces 151 commerces afin de cibler ceux qui étaient d'origine canadienne-française. Une quarantaine de commerçants ont été ainsi identifiés dans un premier temps.

La localisation dans l'espace et le type de commerce dirigé ont ensuite été considérés, puisqu'il fallait assurer une bonne représentativité dans le choix des répondants. Étant donné que la vie socioculturelle floribécoise se trouve principalement dans la zone communautaire centrale décrite plus tôt, la logique voulait que nous choisissions des interlocuteurs qui soient représentatifs de cette localisation dans l'espace des commerces floribécois. Par ailleurs, les moteliers étant des piliers de Floribec, nous les avons ciblés plus particulièrement. Des 41 propriétaires qui se sont déclarés d'origine canadienne-française, 25 ont été choisis, soit le même nombre nous ayant répondu puisqu'il n'y a eu aucun refus.

Compte tenu que nous avons mené des entrevues semi-dirigées d'une durée moyenne de 90 minutes, un échantillon de 25 répondants s'est avéré le meilleur compromis entre l'objectif de recueillir une information la plus complète qui soit de la part d'individus triés sur le volet, et celui de nous entretenir avec le plus grand nombre d'individus possible. Considérant leur large éventail d'expériences au sein de leur communauté, nos interlocuteurs nous ont permis de bien comprendre les liens sociospatiaux qui régissent Floribec. Ces 25 répondants étaient, de surcroît, localisés au cœur de Floribec, de manière à bien représenter l'organisation spatiale floribécoise et la variété de commerces présents dans la communauté.

Par ailleurs, soulignons que de nombreux praticiens des méthodes qualitatives en sciences sociales s'entendent pour dire que, dans le cas de recherches ethnographiques, un échantillon de 20 à 50 répondants est raisonnable ; les recherches d'inspiration phénoménologique en requièrent pour leur part moins de 10 (Morse, 1994). À titre d'exemple, dans sa recherche sur l'entrepreneurship haïtien à Boston, l'historienne Marylin Halter (1995) a interrogé 29 personnes. Michaela Di Leonardo (1984) a recueilli 15 histoires de vie dans le cadre de son étude anthropologique sur les relations sociales entre familles italiennes dans une petite ville de Californie. Les géographes John Eyles et Eugenio Perri (1993) ont interrogé 12 membres d'une famille italienne de Hamilton, Ontario, afin de comprendre leurs rapports intergénérationnels. Un autre géographe, Graham Rowles (1988), a réussi à mettre en relief le sens que des personnes âgées d'une même rue de Boston donnaient à leur espace vécu à partir de cinq répondants seulement.

Ainsi voit-on que, dans le cas de notre recherche, le nombre de répondants correspond à celui d'études similaires. Mais ce qui est plus important encore, c'est que la concordance des réponses obtenues de la part de nos interlocuteurs est devenue suffisamment significative pour confirmer la validité de notre information.

Le guide d'entrevue

Le questionnaire utilisé pour l'entrevue compte une cinquantaine de questions et sous-questions semi-ouvertes. Il a d'abord été conçu comme un guide devant servir à connaître l'histoire de la vie floridienne de chaque répondant, avec un accent mis sur son expérience communautaire. Selon la géographe Gill Valentine, les entrevues « ... *take a conversational, fluid form, each interview varying according to the interests, experiences and views of the interviewees. They are a dialogue rather than an interrogation* » (Valentine, 1997, p. 111). Nous avons bien sûr posé les questions consignées dans notre guide à nos répondants, mais, un peu à la manière de Valentine, nous avons souvent eu recours à d'autres questions non inscrites pour parvenir à obtenir toute l'information nécessaire à l'atteinte de nos objectifs de recherche. D'autre part, les questions n'ont pas toujours été posées dans l'ordre selon lequel elles apparaissent, puisque nous laissions les interlocuteurs adopter le rythme qui leur seyait lors de l'entrevue.

Une autre modalité de l'enquête demandait que nous nous rendions sur le lieu de travail de chacun des répondants. Lorsqu'ils acceptaient, nous enregistrions la conversation sur un magnétocassette portatif. Dix répondants ont refusé d'être enregistrés, se sentant intimidés par cette pratique. Parmi les commerçants de notre échantillon, 13 ne pouvaient être interviewés au moment où nous visitions leur établissement. Ainsi, nous avons convenu d'un autre moment pour nous rencontrer. Soulignons encore qu'aucun des 25 répondants n'a refusé de participer à l'étude.

Le guide d'entrevue a été construit de façon à pouvoir répondre aux questions spécifiques et aux objectifs de notre recherche. Il est divisé en trois parties. La première vise à obtenir des renseignements démographiques généraux sur les répondants (sexe, âge, citoyenneté), et sur ce qui les a motivés à s'établir en Floride.

La deuxième partie du guide porte sur le commerce que le Floribécois dirige, de même que sur les activités commerciales qu'il exerce. Certaines questions ont pour but de nous éclairer sur le profil et l'origine de la clientèle des commerces et sur les changements qu'elle subit au fil des saisons. Cette partie de l'entrevue compte aussi des questions sur les réseaux d'affaires du commerçant, sur la provenance de ses employés, etc. Elle informe également sur les commerces comme lieux structurants de la communauté floribécoise. Dans cette partie l'enquête, nous voulions aussi découvrir le quotidien du commerçant floribécois en dehors de son travail. Où habite-t-il? Pourquoi ce secteur? Quels milieux fréquente-t-il? Sa vie de tous les jours se déroule-t-elle en français? À quelles occasions vit-il en français? Nous lui avons également demandé de nous renseigner sur ses réseaux sociaux (parents et amis) et sur le genre de liens qu'il entretient personnellement avec le Québec (voyages, médias, etc.).

Les questions de la dernière partie de l'entrevue portent surtout sur les différents rapports entre les personnes interrogées et la communauté floribécoise. Sur des cartes à échelles différentes que nous remettions aux personnes rencontrées, parmi lesquelles elles retenaient celles de leur choix, nous leur demandions de tracer les frontières de Floribec. Dans cette partie de l'enquête, nous voulions aussi savoir à quel degré les répondants (et, s'il y a lieu, leurs enfants) s'identifient à Floribec et à la société américaine.

Rappelons que le but principal de notre recherche est de faire la lumière sur la vie quotidienne de la communauté floribécoise. La cartographie s'est révélée un outil fort approprié pour atteindre un tel objectif. Les cartes sur lesquelles les répondants ont tracé des informations notamment sur l'origine de leur clientèle, jumelées à notre propre analyse sociospatiale, nous ont permis d'identifier assez précisément les caractères de l'espace communautaire floribécois.

Nous nous sommes servi pour cet exercice de simples cartes routières, lesquelles étaient les plus faciles à décoder par nos répondants. La première carte montrait toute la mégalopole de Miami, longue d'une centaine de kilomètres et qui s'étend sur trois comtés. Les trois autres cartes, qui avaient toutes la même échelle, représentaient chacune l'un de ces comtés. Ceci donnait la possibilité aux répondants de cartographier les informations d'une manière générale (à l'échelle de la région) ou à une échelle plus fine (municipalités, voisinages).

Le traitement de l'information

L'analyse de toutes ces informations s'est faite en deux grandes étapes : la première portait sur l'analyse des entretiens, tandis que la seconde visait à analyser les cartes que les répondants avaient annotées.

Par ailleurs, notre guide d'entrevue comptait une cinquantaine de questions ouvertes auxquelles d'autres se sont souvent ajoutées selon le type d'entrevue mené. En fait, l'analyse des autres commentaires livrés par les répondants sur leur expérience floribécoise nous a aidé à comprendre davantage quelques-uns des paradoxes inconscients qu'ils avaient exprimés. Nous le verrons, ces paradoxes, surtout reliés à l'identité, demandent au chercheur de décoder des discours parfois très ambigus. En d'autres termes, le chercheur doit passer du contenu manifeste au contenu caché. Ces informations subtiles serviront, elles aussi, à alimenter notre réflexion théorique, nourrie de l'étude de cas, sur l'organisation spatiale d'une communauté en milieu urbain, et sur les liens entre les individus d'un groupe déjà institutionnalisé dans l'espace et les lieux qui lui sont propres, réflexion qui suivra plus loin.

Ainsi donc, une fois les propos des interlocuteurs compilés et divisés par thèmes, nous avons d'abord fait ressortir le rôle de différentes variables en relation avec les caractéristiques de la communauté, telles que l'âge, la scolarité, la durée de résidence à Floribec, etc. Nous avons également fait des croisements de données entre, par exemple, la localisation des commerçants et leur perception du territoire, et le type de commerce et le lieu de résidence.

En second lieu, nous avons analysé les cartes tracées par les commerçants et les avons reconstituées en deux cartes synthèses. Ces deux cartes regroupent les informations consignées sur toutes les cartes individuelles tracées par les répondants, lesquelles portaient sur l'origine de leur clientèle et sur leur perception du Petit Québec. Ainsi, les cartes synthèses ont aidé à mettre en relief certaines dimensions nouvelles de l'espace communautaire. De plus, jumelées à nos autres observations sur le terrain et aux propos retenus des Floribécois avec qui nous avons discuté, elles nous ont aidé à comprendre l'espace de la vie quotidienne dans la communauté floribécoise.

Inspirées par ce que Blancher et Gotman appellent l'analyse thématique des entrevues (1992, p. 97), les sections et sous-sections qui suivent dans ce chapitre ont été organisées de manière à mettre en relief les dimensions de la communauté floribécoise, telles que décrites par les commerçants. Il va sans dire que les propos des Floribécois avec qui nous avons discuté ne reflètent pas le vécu quotidien et le comportement sociospatial de l'ensemble des membres de Floribec. Mais, puisque plusieurs des propos se recoupent, nous pouvons assumer qu'ils correspondent de près à ceux de la communauté en général.

LES COMMERÇANTS FLORIBÉCOIS

Qui sont nos répondants floribécois? Quel est leur profil socioéconomique? C'est ce que nous évoquerons maintenant, pour présenter ensuite ce qui les a motivé à quitter le Canada pour s'établir à Floribec.

Carte 4
La localisation des répondants

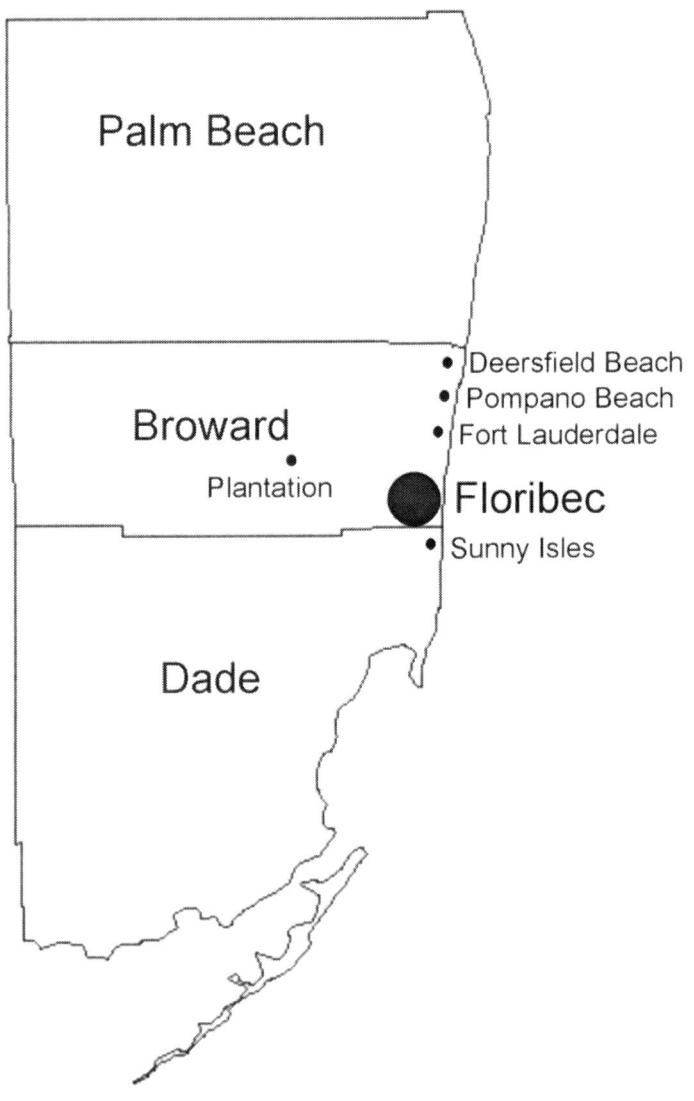

Profil des répondants

Une image fidèle de la structure commerciale de Floribec

Tel qu'il a été mentionné plus haut, nous voulions interroger une variété d'interlocuteurs quant aux types de commerces que ceux-ci exploitaient. Ainsi, des 25 commerçants que nous avons interrogés, six gèrent un motel, trois sont coiffeurs, trois se spécialisent dans l'industrie touristique (deux agents de voyages et un agent d'assurance voyages), deux travaillent dans la restauration, deux dirigent des institutions financières, deux sont consultants juridiques, deux sont garagistes, deux se spécialisent dans l'immobilier, un possède un dépanneur, un est rembourreur et un autre est éditeur (voir la synthèse des résultats de l'enquête en annexe).

La localisation des commerces

Pour ce qui est de la localisation des commerces (carte 4), 20 se situent dans le centre floribécois alors que les cinq autres se trouvent à Sunny Isles, Fort Lauderdale, Deerfield Beach, Pompano Beach et Plantation. On voit que les types de commerces et la localisation des répondants reflètent largement la réalité géoéconomique floribécoise décrite précédemment, puisque les commerces reliés au tourisme (hébergement, restauration, voyage) dominent, et que les membres de notre échantillon sont largement localisés dans ce que nous avons appelé « le centre » de l'espace floribécois.

Sexe et âge

Contrairement aux autres types de commerces, pour la plupart dirigés par des hommes (sauf les salons de coiffure), les six motels sont la propriété et d'un homme et d'une femme, partenaires en affaires et dans la vie. Dans deux cas, même les enfants s'impliquent pour accomplir les multiples tâches et les longues heures de travail qu'exige l'entretien d'un motel. Ceci corrobore nos propres observations sur les activités des moteliers. Voici, à cet égard, les propos d'un couple dirigeant un motel :

> Quand on est parti de Québec pour s'en venir en Floride, on s'était entendu pour dire que tout le monde s'entraiderait. C'était pas rien qu'à l'homme ou à la femme de travailler dans le motel, mais à toute

la gang. Aujourd'hui, on se rend compte qu'on n'a même pas le choix que ça marche de même parce que c'est *ben* trop *tough* pour une personne toute seule. Un motel, il faut que ça soit ouvert jour et nuit, t'as pas le temps de relaxer ou de partir pour deux ou trois jours. Tu comprends pourquoi il faut que toute la famille travaille. Moi, je suis à l'*office*, mon mari, lui, s'occupe de réparer les affaires qui se brisent *pis* de garder l'extérieur propre, *pis* nos deux enfants [adolescents] font le ménage des chambres. Tant que les enfants vont vouloir nous aider, on va continuer de même. On verra plus tard, quand ils vont vieillir, ce qui va se passer (Jacqueline et Robert).

Quant à l'âge des répondants, nous n'avons pas noté de relation entre cette variable, le type de commerce exploité ou la localisation des Floribécois interrogés. Mentionnons cependant que neuf commerçants se situent dans la tranche d'âge 45-54, que sept ont entre 30 et 34 ans, sept autres entre 35 et 44 ans, alors que les deux autres ont plus de 55 ans. Cette variété d'âges a permis d'avoir accès à une diversité d'expériences.

La citoyenneté : une question délicate

Nous avons posé aux répondants une question relative à leur citoyenneté. C'était là un sujet délicat, qui a donné lieu à des réponses souvent floues. Les réponses à cette question sont cependant fort révélatrices à plusieurs égards. Plus d'un Floribécois se sentait visiblement mal à l'aise à l'idée de dévoiler sa citoyenneté. Certains dirigent peut-être leur commerce illégalement, n'ayant pas obtenu tous leurs « papiers ». Il y en a qui devenaient tout à coup visiblement méfiants lorsque ce sujet de conversation venait sur le tapis. Bref, des détails non verbaux ont été fort révélateurs de la gêne des répondants à l'égard de cette question, qu'on pourrait qualifier de taboue à Floribec. Néanmoins, d'après les réponses obtenues des commerçants, 14 ont la double nationalité : ils possèdent à la fois la citoyenneté canadienne et la citoyenneté américaine. Les 11 autres commerçants ont indiqué détenir la citoyenneté canadienne seulement.

Certains commerçants ont répondu à la question avec un large sourire : « Moi, je suis Américain. » Ils étaient visiblement très fiers de leur nationalité américaine, comme s'il s'agissait là d'un rêve réalisé ou d'un défi relevé. Selon nous, ceci témoigne sans équivoque de l'attachement de ces Floribécois à leur nouveau milieu de vie. À l'inverse, ceux qui d'emblée ont mis l'accent sur leur citoyenneté canadienne seraient peut-être plus indifférents, moins impressionnés, par la culture de leur nouveau pays d'adoption. En voici un exemple :

— Quelle est votre citoyenneté?
— Canadienne.
— Et vous avez un commerce en Floride?
— Ah, c'est sûr que j'ai tous les papiers depuis des années, mais, tu sais, j'suis pas Américain pour autant!
— Qu'est-ce que vous voulez dire?
— *Ben*, légalement j'suis Américain. J'ai mon passeport des États-Unis, ma « *Green Card* », mes enfants vivent ici en Américains, ils parlent quasiment pas français, eux autres. Mais dans mon esprit à moi, dans mon cœur, je me sens encore Canadien. Même si ça fait longtemps que j'suis établi à Hollywood, j'suis pas capable de dire que j'suis un Américain. Moi, j'suis pas comme eux autres. Ils sont violents, baveux, ils ont un caractère *pis* une manière de vivre *ben* « spécial », *pis* qui n'est pas comme la mienne. Des fois, j'vais visiter ma famille à Montréal, *pis* c'est là que j'me rend compte à quel point j'suis Canadien. J'me sens chez nous. Ici aussi j'm'en rend compte. Non, j'ai *ben* beau avoir tous mes papiers, mais j'reste Canadien (Maurice).

Les motivations pour émigrer en Floride

Un déménagement plus ou moins récent

En ce qui a trait au nombre d'années que les répondants ont vécu en Floride, on note un écart considérable, variant de 16 mois à 27 ans. En effet, neuf répondants y résident depuis quatre ans ou moins, huit sont là depuis 8 à 15 ans, et huit entre 18 et 27 ans. On observe une relation entre le type de commerce que possède le commerçant et le nombre d'années qu'il a vécu en Floride. Parmi ceux qui y ont émigré depuis quatre ans ou moins se retrouvent les deux banquiers et les deux avocats interrogés, en plus du directeur d'une importante agence de voyages canadienne. Ces nouveaux arrivants, des professionnels, plus jeunes en moyenne, c'est-à-dire moins de quarante ans, possèdent un niveau de scolarité plus élevé, soit collégial ou universitaire. L'arrivée de ces « néo-Floribécois » favorise une diversification des services et des institutions, rendant ainsi le tissu économique communautaire, surtout composé de motels et de restaurants, moins vulnérable lors des années touristiques moins lucratives.

Une raison principale : fuir l'hiver

Étant donné qu'une motivation a poussé chacun des répondants à émigrer en Floride, nous accorderons une attention toute particulière à cette question.

Comme on le sait, les Canadiens français qui ont quitté le Québec pour s'installer en Nouvelle-Angleterre ou ailleurs en Amérique l'ont fait pour améliorer leurs conditions de vie. Les terres se faisant plus rares ou moins fertiles, un grand nombre de Canadiens français ont été forcés de tenter leur chance dans les usines de textiles aux États-Unis ou sur de nouvelles terres en Ontario et dans l'Ouest canadien.

Les Canadiens français qui résident en Floride ont quitté le Québec sur une base volontaire. Rien ne les obligeait à tout laisser derrière eux pour s'établir dans l'État le plus au sud des États-Unis. En fait, notre enquête révèle qu'ils ont surtout émigré pour vivre dans le climat subtropical de la Floride. Aussi, plusieurs voulaient diriger une entreprise dans un État américain, où la fiscalité est moins lourde qu'au Québec et au Canada. Enfin, d'autres voulaient simplement fuir l'atmosphère politisée du Québec.

D'emblée, tous les répondants déclarent avoir eu la même motivation principale pour émigrer en Floride : le climat subtropical du sud de la Floride. Pour les 25 Floribécois interrogés, l'hiver canadien n'était pas synonyme de plaisir, et les sports d'hiver ne les intéressaient aucunement. La totalité des répondants ont décidé de quitter le Québec après être venus en Floride pour éviter quelques semaines hivernales canadiennes.

Ce désir profond de quitter l'hiver canadien est particulièrement vif chez les moteliers et les restaurateurs floribécois. En fait, tous les moteliers et restaurateurs interrogés souhaitaient prolonger le plaisir de vivre dans un environnement subtropical à longueur d'année, mais ce, et c'est fondamental, dans un milieu ethnolinguistique qui était le leur. De leur propre aveu, les moteliers et restaurateurs floribécois nous ont dit avoir quitté le Canada parce qu'ils voulaient « se sentir en voyage en Floride chaque jour de l'année ». « Après tout, disent-ils, rien n'empêche de regarder les matchs de hockey, en Floride! » L'extrait qui suit résume très bien pourquoi la communauté floribécoise, avec son environnement naturel subtropical et surtout son espace socioculturel à saveur canadienne-française, a réussi à attirer ceux qui y ont émigré :

— Pourquoi avez-vous décidé de vous installer à Hollywood?
— *Ben*, on est venu ici plusieurs fois avant de s'en venir pour de bon; on venait passer deux, trois semaines avec les enfants. On a fait ça pendant une dizaine d'années. *Pis* un moment donné on s'est demandé si on devait pas rester ici. D'abord, moi pis ma femme, on voulait rien savoir de l'hiver canadien, on était tannés de dépenser de l'argent à acheter des *tires* d'hiver, *pis* sur le chauffage de la maison. En plus de ça, nous autres on aime pas les sports d'hiver. On regarde le hockey mais on fait rien comme activité dehors. On déteste le froid.
— Au point de quitter pour de bon et de vivre ici en permanence?
— Oui! On n'a pas pleuré une larme, mon cher. Quand je regarde les nouvelles *pis* que je vois le monde se faire geler *pis* marcher dans la « slush » dans les rues de Montréal, j'me trouve *ben* chanceux.
— Pourquoi avez-vous décidé de vous installer à Hollywood plutôt qu'ailleurs en Floride ou aux États-Unis?
— *Ben* nous autres, ça nous dit rien les autres places. Des fois on allait l'été au Nouveau-Brunswick pour se baigner. On est allés aussi dans le Maine, sur le bord de la mer, mais l'hiver c'est toujours dans le coin ici qu'on venait. On était certain de la température, pis on connaissait *ben* le coin. *Pis* en plus c'est plein de Canadiens, ça fait qu'on se sent entre nous autres. On est comme une petite gang qui parle français, on a toutes les nouvelles du Canada, la TV, les revues. Tu comprends, c'est comme notre monde, ici. On n'est pas mal pris quand il arrive quelque chose, il y a des Canadiens partout. On se sent pas loin. Une autre affaire aussi c'est que notre famille vient tous les hivers ici passer un mois. C'est pratique pour nous autres *pis* eux autres aussi, tu comprends? Quand c'est pas la famille, *ben* c'est des touristes, ça fait que tu te sens un peu en voyage toi aussi, t'es toujours content! Nous autres on aime *ben* ça en tous les cas (Jean et Pierrette).

Par ailleurs, plusieurs moteliers et restaurateurs ont ajouté, comme second motif, la situation politique du Québec. Pour eux, la bataille constitutionnelle canadienne et la possibilité que le Québec se sépare du reste du Canada les dérangeaient considérablement. Toutefois, cette raison n'aurait pas suffi, à elle seule, à les inciter à fuir le Canada, mais ils prétendent s'être libérés de ces discussions depuis qu'ils vivent aux États-Unis.

Pour les autres commerçants, après le climat, le taux d'imposition moins élevé se situe bon deuxième parmi les raisons évoquées. Les avocats, agents immobiliers et autres semblent fort emballés par la fiscalité américaine et se plaisent à dénigrer celle du Canada. La menace séparatiste québécoise, en ce qu'elle risque d'affecter la performance de l'économie, a aussi été un facteur rendant moins attrayante la vie au Québec. Quelques-uns de ces répondants ont aussi mentionné le « rêve de faire des affaires dans un environnement économique comme celui des États-Unis ». Selon eux, la fiscalité américaine offre mille possibilités, en plus d'être sans entrave. Enfin, un autre type de motivation : « S'éloigner du Québec et repartir à neuf » à la suite d'un échec financier (congédiement, faillite, etc.) ou personnel (dépression, divorce, etc.).

Il est important d'ajouter que si les moteliers et restaurateurs floribécois ont clairement mentionné que la présence d'une communauté canadienne-française les avait attirés dans le sud-est de la Floride plutôt qu'ailleurs, les autres commerçants demeurent plus discrets à cet égard. Certains admettent (parfois difficilement) être venus en touristes à Hollywood auparavant, mais n'incluent pas le fait français floribécois comme motif pour s'implanter dans la région. Pour ceux-là, il s'agit moins d'un « voyage permanent » que d'un changement de cap personnel, dans un environnement naturel et économique agréable. Cette tendance apparaît de plus en plus au fur et à mesure que l'on s'éloigne du centre socioculturel floribécois. Nous y reviendrons en détail plus loin.

En somme, il ressort clairement que l'environnement naturel du sud de la Floride est le principal facteur ayant influencé nos répondants à émigrer. Pour la plupart, la présence de milliers de touristes et de plusieurs commerçants canadiens-français dans ce type d'environnement est la raison première qui les a poussés à émigrer à Floribec en particulier. Comme ils le disent, c'est pour se sentir « en vacances à Hollywood tous les jours entre Canadiens » qu'ils ont quitté leur lieu d'origine.

LES RÉSEAUX D'AFFAIRES

Les commerces floribécois, autour desquels s'est développée une toile dense de relations, sont au cœur de l'organisation spatiale de Floribec. Ainsi la deuxième partie de l'entrevue portait sur l'implantation des commerces floribécois, de même que sur l'origine et le profil de leur clientèle. Les informations que nous avons obtenues révèlent toute l'ampleur des réseaux d'affaires floribécois sur lesquels se fonde la communauté.

L'implantation du commerce

Des commerçants expérimentés?

À la question « Depuis combien de temps êtes-vous propriétaire de cet établissement? », 10 des 25 répondants ont répondu qu'ils ont soit dirigé plus d'un commerce en Floride, soit été employés dans une ou plusieurs entreprises depuis qu'ils résident en permanence en Floride. Il apparaît aussi que les commerces de 10 des répondants se situent dans le DAR ou ailleurs dans le centre de Floribec, et qu'aucun d'entre eux ne pratique une profession libérale. Il s'agit de coiffeurs, de garagistes, de moteliers et de restaurateurs. On compte parmi les 15 autres commerçants floribécois, lesquels possèdent la même raison sociale depuis leur arrivée dans le sud-est de la Floride, des banquiers et des avocats qui, eux, se situent à la périphérie de Floribec. Cela nous porte à croire que ceux dont l'émigration a été précédée de longues études ont toujours dirigé la même entreprise, alors que les 10 autres ne disposaient peut-être pas de connaissances en affaires ou de fond suffisants, au moment de leur arrivée en Floride, pour mettre sur pied leur propre commerce. Ces derniers étaient probablement aussi plus susceptibles d'avoir une connaissance réduite de l'anglais, des lois fiscales, et des lieux floridiennes. Cela nous suggère qu'il existerait, au sein de la communauté floribécoise, deux sous-groupes qui ne puisent pas également dans les ressources que la communauté peut leur offrir.

En ce qui concerne les questions visant à savoir si les 25 répondants ont fondé eux-mêmes ou acheté d'un autre leur entreprise, nous observons que la localisation du commerce et le statut socioéconomique du propriétaire n'y jouent aucun rôle. Toutefois, parmi ceux qui ont acheté leur commerce, cinq l'ont fait de propriétaires américains et six de Canadiens français, ce qui traduit une certaine continuité au sein de la communauté. Également, les raisons pour lesquelles les répondants ont acheté le commerce d'un Canadien ou d'un Américain sont fort intéressantes, comme en témoignent les extraits de conversation très divergents qui suivent :

> Moi, j'ai fait affaire avec un Canadien. Vu que mon anglais n'est pas très bon, je voulais pas me faire avoir par un Américain. Tu les connais, eux-autres... J'savais qu'avec un Canadien, j'pourrais avoir des conseils honnêtes sur comment « administrer » ma *business*, sur les banques, les lois *pis* tout le reste. J'pense pas qu'un Américain aurait pu marcher droit de même. Je dis pas qu'ils sont tous pareils, mais dans mon livre à moi, je voulais « avoir » un Canadien, un Québécois.

> On m'a dit quand on s'est installé de s'arranger pour que les autres Canadiens du coin ne soient pas trop au courant de nos affaires personnelles. On a un bon ami qui nous a conseillé d'aller voir un agent d'immeubles américain ou *ben* d'acheter directement d'un Américain. C'est ce qu'on a fait. Le gars était *ben smat*. Franchement, on n'a pas eu à se plaindre. Je pense pas qu'on aurait vraiment eu des problèmes si on avait acheté d'un Français, mais c'est vrai par contre qu'il y a pas mal de monde qui aime *ben* savoir tes affaires privées. On l'a remarqué depuis qu'on est ici (Serge).

Être ou ne pas être près des émigrants et touristes canadiens-français?

La localisation des commerçants floribécois constitue un indice très révélateur des rapports qu'ils entretiennent avec les résidents et les touristes canadiens-français. Pour les fins de notre recherche, nous avons demandé aux 25 commerçants la raison qui a motivé la localisation de leur commerce. La proximité du marché canadien-français est le facteur le plus important, et de loin. En effet, 18 des 25 commerçants ont répondu avoir fondé ou acheté leur commerce dans le centre floribécois, ou à proximité de celui-ci, parce que c'est à cet endroit que la clientèle visée se trouve. On note également comme facteurs connexes : « Je ne parle pas beaucoup l'anglais », « J'étais familier avec le milieu », « C'est le cœur de la Floride française » et « C'est agréable d'être parmi les Canadiens. » Qu'en est-il alors des sept autres répondants? Un seul, qui possède une seconde adresse à Miami, est implanté à Hollywood. Il l'a fait pour des raisons de sécurité (certains quartiers de Miami sont violents). Les six autres se trouvent à l'extérieur du centre floribécois. Qu'ils soient dans le centre ou non, ils ont chacun un motif particulier pour s'être établi où ils sont :

- un avocat à Hollywood : « Hollywood Boulevard est le boulevard des avocats. Il y a beaucoup de touristes canadiens qui utilisent cette voie. »
- la propriétaire d'un salon de coiffure à Pompano Beach : « C'est vibrant ici et j'aime le type de clients canadiens-français qui viennent chez nous. Je n'irais pas ailleurs. »
- un agent immobilier à Plantation : « J'aime le coin et le genre de touristes. C'est un secteur en pleine explosion. Il y a plein de jeunes familles. »
- un vendeur d'assurance voyages à Deerfield Beach : « Deerfield est paisible et loin des touristes canadiens. On n'a pas de liens avec les touristes du Petit Québec et c'est tant mieux. »
- un motelier à Fort Lauderdale : « La clientèle est plus raffinée et plus propre que celle de Hollywood. On n'a pas la classe populaire de Hollywood. C'est du monde qu'on voulait éviter. »
- La NatBank de l'extrême nord-ouest de Hollywood (hors centre) : « L'accessibilité est un facteur très important pour nous. On est à proximité de l'autoroute 95, qui est utilisée par des centaines de milliers de personnes chaque jour. »

À la lumière de ces propos, nous constatons un rapport plus ambigu avec la communauté pour les commerçants situés à l'extérieur du centre de Floribec. Si certains se réfèrent à une clientèle canadienne-française, il s'agit là d'une clientèle différente de celle qui domine dans le cœur de Floribec, avec laquelle ils souhaitent ne pas entretenir de liens trop étroits. On se rappellera que celle-ci appartient généralement à la classe populaire, tandis que les Canadiens français vivant ailleurs dans la région sont de classe moyenne, sinon aisée. Ces dernières, contrairement aux premières, sont souvent bilingues et, surtout, moins dépendantes des institutions et des services communautaires floribécois.

Un agent immobilier floribécois? Non merci.

À la question : « Avez-vous fait affaire avec un agent immobilier canadien-français? », les réponses ont été surprenantes. En effet, aucun de nos répondants n'a acquis son commerce par l'entremise d'un agent immobilier, profession pourtant populaire à Floribec. La grande majorité ont utilisé leur réseau social personnel, et quelques-uns ont simplement parcouru la région en voiture. Un interlocuteur a indiqué avoir décidé d'acheter le motel à Hollywood dans lequel il logeait lors d'un voyage d'agrément, agissant ainsi comme plusieurs de ses concitoyens qui ont fait le passage de touriste à résident. Cette question nous montre bien toute l'importance des réseaux sociaux dans le fonctionnement de Floribec comme communauté. On voit ici comment se traduit dans la réalité quotidienne le mot « communauté » : vivre en communion et entretenir des liens étroits avec les membres de sa communauté, liens qui sont fondés sur des critères sociaux et culturels. L'extrait ci-dessous illustre bien nos propos :

> On n'est pas arrivés ici sans connaître personne! On était venus en touristes pendant quasiment dix ans. C'est avec le temps, voyage après voyage, qu'on a pris la décision de vivre à Hollywood. On venait passer au moins trois semaines chaque fois. On s'est mis à connaître la région sur le bout de nos doigts. Quand on est arrivés, on savait où aller et qui aller voir. On n'avait pas besoin d'un agent d'immeuble, nous autres. On avait des contacts, des gens qui avaient des motels ou des restaurants dans le bout de la *beach*. Ils nous avaient *ben* expliqué comment faire pour acheter une *business* en Floride. Il y en a un qui nous a appelés un été pour nous dire qu'il y avait un beau motel propre à vendre. Là, on y a pensé une semaine, pis *that was it* : on a tout vendu au Canada pour venir s'établir à Hollywood. Nous autres, on a fonctionné de même. Je vois pas comment tu peux arriver ici sans contacts *pis* acheter un commerce. Tu risques de te faire avoir, sans compter que tu vas en arracher avec les papiers, le notaire,

les banques. C'était pas facile même pour nous autres. T'imagines-tu quelqu'un qui connaît pas un chat *pis* qui sait pas comment s'y prendre avec le système américain? (Jean et Pierrette).

On puise dans ses ressources personnelles pour émigrer

L'importance des réseaux dans la communauté de Floribec n'apparaît pas aussi clairement lorsqu'on regarde comment les commerçants ont financé leur entreprise. En effet, 15 d'entre eux ont puisé dans leurs ressources personnelles, et cinq ont obtenu le financement d'une banque américaine et deux auprès de leur famille. Parmi ceux qui n'ont pas eu à emprunter les fonds nécessaires, on note les avocats, les agents immobiliers et un assureur, mais aussi des moteliers et des restaurateurs. Ainsi donc, sur ce point, les liens avec la société d'accueil sont faibles. On peut citer par exemple les propos d'un motelier vivant dans son établissement, qui a choisi de financer son entreprise avec ses propres ressources financières.

> Il n'était pas question que je m'embarque dans les dettes avec ce projet-là. J'avais bien planifié d'avance avec des amis qui vivent en Floride depuis longtemps, et ils m'avaient dit que j'éviterais *ben* de la paperasse *pis ben* des détours si je vendais tout au Québec et que j'achetais mon commerce avec ce qu'il me reste. Je regrette pas ma décision. C'était la meilleure affaire à faire. Vois-tu, j'ai pas de dettes, *chu ben*, j'ai la paix. J'me fais pas achaler par la banque. Si je m'écœure un moment donné, je vends *pis* j'retourne chez nous. J'comprends que c'est pas n'importe qui qui peut faire comme moi. Y'en a qui ont pas assez d'argent ou qui ont trop de dettes. Si t'as une trop grosse hypothèque *su'* ta maison *pis* qui te reste rien une fois qu'elle est vendue, *pis* que t'es pris pour emprunter au Canada ou en Floride, là tu t'embarques dans le trouble. C'est toute une décision que de partir dans un autre pays pour ouvrir un commerce, il faut que tu t'arranges comme du monde sur le plan des finances (Jacques).

La clientèle

Une clientèle composée surtout de Canadiens français

La clientèle des commerçants floribécois varie grandement. Elle est directement reliée au genre de produits offerts, mais surtout à la localisation du commerce. Les commerces situés à Hollywood, à Dania et à Hallandale attirent une clientèle composée d'au moins 70 % de touristes canadiens-français et de Floribécois, à l'exception d'un rembourreur situé à la limite territoriale du centre floribécois, dont le pourcentage de clients de langue française ne dépasse pas 20 %. Cependant, il en est autrement de ceux qui se trouvent à l'extérieur de cette zone. Les commerçants de Sunny Isles, de Fort Lauderdale et de Pompano Beach ont une clientèle qui comprend environ 50 % de Canadiens français, alors que cette proportion n'atteint que 25 % pour celui de Deerfield Beach, et seulement 10 % pour celui de Plantation. Il est donc évident que plus on s'éloigne de Floribec, moins la clientèle est canadienne-française. Rappelons que les commerçants d'origine canadienne-française qui dirigent une entreprise en périphérie de Floribec disent ne pas tenir outre mesure à attirer les touristes et résidants du même groupe ethnoculturel qu'eux. Néanmoins, ils s'identifient français et vivent leur quotidien à la maison dans cette langue et, en partie, au travail. Ils ne rejettent pas leur culture, ni ne souhaitent être assimilés à la culture américaine; il s'agit davantage d'une ouverture sur l'« autre », caractéristique plus fréquente, par contre, chez les individus ayant un niveau de scolarité plus élevé.

Des commerces qui dépendent du cycle touristique

Les commerçants du centre floribécois et de sa périphérie se distinguent aussi quant à la fluctuation saisonnière de leur clientèle francophone. Puisque la quasi-totalité des commerçants floribécois du centre de Floribec et de son DAR dépendent très fortement du tourisme canadien-français, et que cette zone repose elle-même sur le tourisme d'agrément hivernal, l'été est synonyme de creux économique. Quoi faire, alors? D'après nos répondants, trois choix s'offrent à eux : 1) laisser fonctionner le commerce à perte, 2) fermer et demeurer en Floride, 3) fermer et visiter la famille et les amis au Canada. La troisième option semble être celle qui plaît le plus aux moteliers, les plus touchés par la basse saison. Par contre, les commerçants situés en périphérie de Floribec, en particulier celui de Plantation, celui situé à la limite du centre floribécois (le rembourreur) et celui de Deerfield Beach, souffrent peu du creux touristique estival. Ceci s'explique simplement par le fait qu'ils ne dépendent pas des touristes canadiens-français, puisque les Américains du sud de Broward et du nord de Dade forment une partie considérable de leur clientèle régulière. Quant à celui de Sunny Isles, un agent de voyages ayant une franchise québécoise, il connaît des étés calmes, sans toutefois que le commerce en souffre trop financièrement. L'extrait d'une entrevue avec un couple de restaurateurs de Hollywood nous donne une bonne idée de la fluctuation touristique saisonnière à Floribec :

> Nous autres, on a beaucoup de touristes canadiens. En fait, c'est pour cette raison-là qu'on a ouvert notre commerce, c'est pour offrir des mets canadiens aux touristes canadiens. On s'est rendus compte, quand on était touristes ici, il y a une vingtaine d'années, que les Canadiens s'ennuyaient de leur nourriture. En plus, *ben* y'en a pas mal qui sont pas capables de commander en anglais quand ils vont dans les restaurants. On s'est dit qu'on pourrait faire de l'argent tout en rendant service aux touristes canadiens si on ouvrait un restaurant de mets canadiens à Hollywood. Notre commerce va très bien. On n'a pas à se plaindre. Même quand il y a des années plus mortes, à cause du dollar ou de la température, on réussit toujours à bien vivre. Y'a juste l'été, par exemple. Des fois c'est *ben* tranquille. T'as pas vraiment de Canadiens qui viennent ici l'été. Ils vont plutôt sur les plages de Virginia Beach, de Wildwood ou de Old Orchard, ou *ben* à Orlando avec leurs enfants. Pour nous autres, c'est la saison morte. Des fois on ferme pendant un bout de temps, selon le roulement. On en profite pour prendre un *break*. On reste ici ou encore on va à Montréal voir nos familles (Marcel et Lise).

On veut être servis en français

Une des questions de notre enquête pour laquelle les réponses furent unanimes est celle concernant la raison pour laquelle les clients canadiens-français font appel à leurs services. Nos commerçants ont simplement répondu « la langue ». Les restaurateurs ont pour leur part ajouté « nos mets canadiens », alors que les trois moteliers du centre floribécois ont en plus indiqué « l'ambiance canadienne-française », c'est-à-dire le fait que la plupart des clients proviennent du Québec, qu'ils peuvent regarder la télévision de chez eux, s'amuser ensemble le soir près de la piscine, etc. L'agent de voyages de Sunny Isles a indiqué pour sa part que « c'est sécurisant pour les touristes canadiens de se faire servir par un autre Canadien ». En fait, ceci indique à quel point la langue de service est importante, mais aussi combien elle dépasse le seul fait de communiquer. À Floribec, la langue française est un bouclier contre la culture américaine. Le français, avec toute la sécurité qu'il apporte, est un élément central du type de communauté dont il s'agit ici (une communauté ethnique en milieu urbain qui repose sur l'apport économique de touristes du même groupe ethnique), car la langue et les valeurs qui y sont associées sont à la source même de l'existence de Floribec. Rappelons que les Canadiens français qui ont émigré à Floribec l'ont fait d'abord parce qu'ils y retrouvaient leur culture et leur langue. Un motelier de Hollywood nous a dit ceci sur la question cruciale de la survie de Floribec :

> Moi, là, j'ai des clients de Trois-Rivières qui viennent à mon motel depuis 10 ans. C'était un Canadien français qui avait ce motel-là avant moi. C'est simple : ce qu'ils veulent, c'est d'être avec du monde qui sont comme eux autres. Ils paient trois ou quatre mille piastres pour venir se reposer en Floride pendant l'hiver, *pis* ils veulent être certains qu'ils paieront pas pour rien. En venant à mon motel, ils savent qu'ils vont avoir du plaisir. Ils seront jamais mal pris non plus. On les aide avec toutes sortes d'affaires. On leur dit où aller pour se faire servir dans leur langue. On organise aussi plein d'activités sur le bord de la piscine le jour comme le soir. S'ils se sentent chez eux *pis* qu'ils ont du *fun* entre Canadiens, t'es certain qu'ils vont revenir l'année suivante. C'est la règle à suivre ici, à Hollywood (Yves).

Le Soleil de la Floride : *le véhicule publicitaire préféré*

Mais comment les commerçants floribécois font-ils pour rejoindre cette clientèle canadienne-française? Tous ont fait de la publicité dans *Le Soleil de la Floride*, ce journal mensuel disponible au Québec et qui joue un rôle institutionnel vital à Floribec. Aussi, 20 des 25 répondants, tous situés dans le centre, nous ont indiqué déposer des cartes professionnelles chez d'autres commerçants floribécois. Parmi ces 20 commerçants qui utilisent un second médium publicitaire, on compte un motelier du DAR qui fait de la publicité sur une chaîne de télévision spécialisée de Montréal. Également dignes de mention sont la succursale de la Caisse populaire Desjardins de Hallandale et la NatBank, qui toutes deux tentent de se faire connaître des Américains par l'entremise du *Miami Herald* et du *Sun Sentinel* de Fort Lauderdale. Les seuls petits entrepreneurs floribécois à s'afficher dans des médias non francophones sont situés en périphérie de Floribec. Il s'agit d'un motel de Fort Lauderdale, et du rembourreur de Hollywood. Le premier fait de la publicité en Europe, alors que le second occupe un espace publicitaire dans les pages jaunes et dans le *Miami Herald*. Bref, on observe encore une fois une dichotomie sociospatiale centre/périphérie. En effet, les commerçants du centre utilisent largement les outils et les réseaux de la communauté, tandis que ceux situés en périphérie s'en servent peu, excluant *Le Soleil de la Floride*. Comme l'indique ce restaurateur du centre de Floribec :

> Je fais ma publicité surtout dans *Le Soleil de la Floride*. C'est un journal qu'on retrouve partout dans le sud de la Floride et puis il est disponible au Québec. Moi je dépends beaucoup des touristes du Québec, donc ce journal-là est parfait : il rejoint mes clients autant ici que chez eux. Je laisse aussi des dépliants dans d'autres commerces. C'est certain qu'il y a de la compétition, mais on a tout de même des amis, dans le milieu. Regarde à côté de la porte d'entrée : j'accepte qu'on mette des *posters pis* des cartes d'affaires, mais eux aussi ont accepté que je fasse pareil chez eux. Le journal aide énormément, mais il faut aussi se faire connaître par d'autres moyens. Il y en a ici qui veulent qu'on s'entraide. C'est bon d'avoir des liens avec d'autres entrepreneurs canadiens (Michel).

Une clientèle qui commence peut-être à changer

En ce qui concerne l'évolution de la clientèle, seulement cinq des 25 commerçants ont indiqué avoir observé un changement depuis qu'ils possèdent leur commerce. Fait intéressant, trois de ces cinq commerçants se situent hors du centre de Floribec. La NatBank, en bordure du centre, a noté une hausse légère de la clientèle anglo-américaine locale et touristique. L'agent de voyages de Sunny Isles a remarqué le même phénomène. Un agent immobilier de Plantation, quant à lui, a vu la proportion de sa clientèle canadienne-française chuter dramatiquement (résultat qu'il considère positif) à la suite d'une campagne publicitaire auprès des anglophones. Les deux autres commerçants sont localisés en plein cœur de Floribec. Le premier, propriétaire d'un dépanneur-centre d'information, connaît bien la région pour y avoir émigré il y a 14 ans. Selon ses observations, la proportion de touristes et de résidents d'origine canadienne-française n'a pas connu de changement véritable (70 % de sa clientèle); cependant, il nous a indiqué que le nombre d'Hispaniques et de Noirs a quelque peu augmenté. Un kilomètre plus au sud se trouve un restaurant très fréquenté par les touristes canadiens-français. Ici, ce n'est pas tant la proportion de Canadiens français qui a changé (80 %), mais la classe sociale dans laquelle ils se situent. D'après le propriétaire, arrivé en Floride il y a 11 ans et qui possède cet établissement depuis huit ans, sa clientèle canadienne-française appartient de plus en plus à la classe populaire.

> Je trouve que la clientèle a pas mal changé depuis une couple d'années. On dirait que les touristes sont plus bruyants et qu'ils laissent moins de *tips*. Il me semble qu'avant, ils étaient plus éduqués. Aujourd'hui, t'entends les touristes canadiens sacrer à pleine tête, ils rient *ben* fort. C'est pas *ben* intéressant pour moi parce que j'ai des clients réguliers qui s'en plaignent. Même eux autres s'en rendent compte. On en parlait la semaine passée avec des bons clients qui viennent ici deux ou trois fois par mois tous les hivers depuis quatre ans. Ils en reviennent pas comment les touristes ont changé. On les trouve... j'sais pas... comme plus colons. T'en as même qui arrivent dans le restaurant en costume de bain. Écoute, y'a fallu que je lui dise de se mettre de quoi sur le dos. C'est pas une terrasse sur la *Boardwalk*, ici. J'pense des fois que c'est parce que la Floride est devenue moins « dispendieuse » qu'avant qu'on a cette classe-là de touristes. Aujourd'hui, quasiment n'importe qui peut venir en Floride. C'est pas Hawaii! (Maurice).

Selon nous, ce témoignage et les propos du dépanneur cité précédemment correspondent bien à la situation que vit Floribec. D'abord, il est juste de dire que les Hispaniques et les Noirs visitent un peu plus Floribec puisque, depuis les années 1980, la Floride a connu une vague d'immigration cubaine et antillaise sans pareille en Amérique du Nord. Si ces immigrants ne fréquentent pas beaucoup le DAR floribécois, ils ne sont pas complètement absents de son centre pour autant, comme nous l'avons nous-même constaté. Quant à la majorité de touristes canadiens-français à Floribec de classe socioéconomique plus faible, elle reflète le fait que le sud de la Floride est devenu plus abordable et donc accessible à toutes les bourses des Canadiens français. Également, l'État du soleil ne possède plus l'exotisme que les touristes québécois lui attribuaient dans les années 1970. Pour quelques centaines de dollars de plus, ces mêmes touristes ont désormais un plus grand éventail de destinations soleil. Désormais, Miami, et Floribec en particulier, ne sont plus seules au menu touristique des Canadiens français.

La section qui se termine ici servait à en apprendre davantage principalement sur les réseaux d'affaires floribécois. Les propos tenus par les répondants nous livrent de précieuses informations sur le fonctionnement de Floribec.

Les services floribécois

La première question de cette section visait à savoir si les commerçants floribécois font appel à d'autres Floribécois dans le cadre de la gestion de leur commerce. Notons que les banques n'ont pas été incluses ici, et qu'un interlocuteur a refusé de répondre à cette question. Grâce aux réponses des autres, nous avons découvert que le type d'entreprise et le lieu d'exploitation jouent un rôle négligeable. C'est plutôt le nombre d'années vécues en Floride qui semble expliquer les pratiques. Ainsi, ceux qui utilisent les services d'avocats, de notaires, de banques et de comptables américains seulement sont les Floribécois ayant émigré depuis longtemps. Deux raisons majeures l'expliquent : 1) au moment de leur arrivée, ces services existaient peu à l'intérieur de Floribec, et 2) ils sont restés fidèles envers leurs premiers fournisseurs. Notons aussi que certains Floribécois préfèrent consulter des non-Floribécois pour des raisons de confidentialité. Cette explication peut surprendre, mais deux répondants nous ont dit : « Je vois juste des Américains et j'y tiens »; « On fait affaire avec des Américains, comme ça personne n'est au courant de nos affaires. » Quant aux autres répondants, aucune tendance ne ressort concernant l'origine ethnique des professionnels consultés. Enfin, la plupart se dirigent vers Hollywood, Hallandale et Dania pour obtenir des services reliés à la gestion de leurs affaires. Ceux qui se situent en périphérie de Floribec doivent également s'y rendre pour certains services.

Quatre employés en moyenne... pour ceux qui en ont

La question suivante portait sur les employés des commerçants. À cet égard, les informations obtenues mettent en lumière les liens étroits tissés au sein de la communauté. Des 25 répondants, 10 n'ont pas d'employé. Parmi ces derniers, on compte cinq des six moteliers interrogés, ce qui signifie qu'ils dirigent l'entreprise en plus d'accomplir les nombreuses autres tâches que ce type de commerce exige. Pour ce qui est des autres commerçants, on note l'autre motelier, lequel emploie quatre employés, dont trois Floribécois et un Américain. La différence provient probablement du fait que ce motel est un des plus grands, un des plus populaires et un des mieux entretenus de Floribec. Les autres commerçants floribécois engagent eux aussi, en moyenne, quatre employés, et comptent également en général trois Floribécois et un Américain. Donc, lorsqu'il y a embauche de personnel, les Floribécois optent surtout pour des employés appartenant d'abord à leur communauté, illustrant du même coup les liens serrés qui unissent les membres. Comme l'a mentionné ce commerçant floribécois :

> Quand j'engage du monde, j'prends toujours des Canadiens en premier. C'est pas seulement parce que j'veux les encourager, c'est aussi parce que j'sais qu'on va bien se comprendre. Il va savoir exactement *de quoi* j'attends de lui. En plus de ça, c'est *ben* évident que le fait qu'il parle français, c'est un atout. T'auras jamais cet avantage-là des Américains! Quand je cherche un employé, j'ai rien qu'à mettre une annonce dans la porte, ou le dire à un de mes *chums*, *pis* c'est pas long. On fait ça *ben* souvent de toute façon, *pis* ça marche *ben* « jusqu'à date » (Yves).

Certains commerces se démarquent toutefois pour ce qui est du nombre d'employés, comme une agence immobilière de Dania, exploitée par un père et sa fille et qui ne compte aucun employé, et un populaire restaurant de Hollywood, qui emploie une quarantaine de Floribécois pendant la haute saison. Quant aux banques, la succursale floridienne de la Caisse populaire Desjardins avait à son service, au moment de notre enquête, quatre employés ayant été transférés du Québec, alors que la NatBank de Hollywood, plus laconique à ce sujet, nous a indiqué avoir 10 employés bilingues.

De nouveaux commerces en périphérie du centre floribécois
En analysant les réponses à la question « Depuis que vous travaillez à cette adresse, y a-t-il eu de nouveaux commerces dans les environs? », nous avons constaté que la plupart des répondants ne semblaient pas s'en être préoccupés outre mesure. Nous notons néanmoins deux

tendances. Les commerçants du centre ont indiqué avoir remarqué que des motels et des restaurants floribécois avaient « changé de mains », sans pour autant qu'il y ait eu création de commerces. D'après nos propres observations, les propos de ces commerçants semblent être justes puisque, en effet, Hollywood, Dania et Hallandale sont plutôt stagnants en termes de l'économie (ceci tend à changer depuis 1999). D'autre part, les Floribécois qui se trouvent en périphérie ont un discours quelque peu différent. Ils rapportent la construction régulière de nouveaux centres commerciaux, de restaurants, etc. Encore une fois, ils semblent avoir vu juste puisque les secteurs nord et ouest de Broward se développent à un rythme accéléré, tant sur le plan résidentiel que commercial. Un commerçant de Sunny Isles a observé pour sa part une baisse sur le plan de la construction d'établissements commerciaux et l'apparition de copropriétés de luxe, ce qui caractérise cette partie de la région. Bref, on note deux phénomènes en rapport cette question : 1) il y a toujours une opposition centre/périphérie, et 2) le noyau commercial floribécois est très stable.

On ne veut pas vendre son commerce

Quant à savoir comment les commerçants voient l'avenir de leur commerce, 20 ont répondu vouloir le garder, trois songeaient à le vendre, un envisageait le déménager et un autre semblait indécis. Ceux qui songent à le vendre, c'est-à-dire un motelier, un garagiste et un épicier, résident en Floride depuis 12, 14 et 25 ans respectivement, et leur commerce se trouve dans le centre floribécois. Celui qui planifiait déménager, un propriétaire de salon de coiffure sur la plage de Hollywood, souhaiterait occuper un local plus en vue ailleurs dans le centre floribécois. Pour ce qui est de l'indécis, un éditeur de Hollywood vivant en Floride depuis 13 ans, il nous a répondu ceci : « En Floride, tout est à vendre, selon la loi. Si une offre intéressante se présente, on l'étudiera. » L'indécision pourrait, elle aussi, être le fruit de l'âge relativement avancé du répondant. Ces informations semblent indiquer que la communauté floribécoise tend à vieillir dans son centre, et que les nouveaux arrivants préfèrent s'installer en périphérie. Voici deux visions opposées de Floribécois à l'égard de l'avenir de leur commerce :

> Non, j'ai pas l'intention de vendre, en tous les cas pas encore. Les affaires vont bien, les clients reviennent à mon motel année après

Carte 5
L'origine de la clientèle des répondants

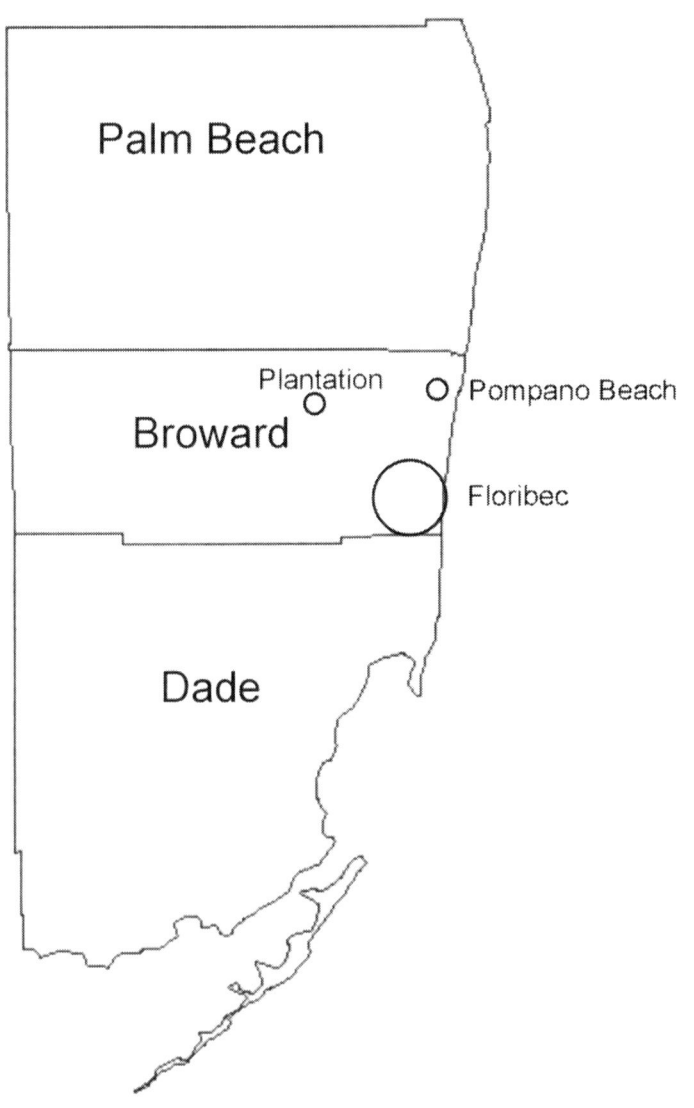

année, *pis* ils ont l'air content. Je vois pas non plus ce que je pourrais faire d'autre. Je serais pas vraiment heureux dans un autre métier. J'suis venu en Floride pour « opérer » un motel, il va *ben*, pourquoi voir ailleurs? C'est pas juste une question de *job*, faut voir aussi le côté personnel. Moi et ma femme, on aime la Floride, on a des amis près de chez nous (Dania). Ici c'est assez sécuritaire aussi, c'est pas trop *rough* non plus. On connaît pas l'avenir mais pour l'instant, j'suis heureux dans ce que je fais (Jacques).

T'sais, c'est *ben* beau, là, le garage, mais j'aimerais essayer d'autre chose. Des fois, je me dis que je devrais vendre des autos usagées. J'ai fait ce métier-là pendant plusieurs années quand j'restais à Saint-Lambert. J'ai pas encore mis de carte mais d'ici deux ou trois ans encore, tu vas en voir une. L'autre possibilité, c'est d'attendre 10 ans, de me débarrasser du garage *pis* de prendre ma retraite... en Floride [rires]. Cette idée-là, elle vient de ma femme. Elle n'est pas mauvaise non plus (Denis et Pauline).

Une cartographie de la clientèle

Nous avons demandé aux commerçants interrogés de nous tracer sur une carte l'aire de provenance de leur clientèle floribécoise. La carte que les répondants ont lue avec le plus d'aisance était une carte routière du comté de Broward. Cependant, ce n'est pas tous les répondants qui avaient à répondre à cette question. En effet, les six moteliers n'avaient pas à faire cet exercice, puisque leur clientèle provient essentiellement du Canada français. Nous avons aussi exclu un restaurateur, un assureur et un agent de voyages parce que leurs clientèles se composaient exclusivement de touristes canadiens-français. Donc, en tout, 16 cartes ont été annotées.

Nous avons construit, à partir de ces cartes que nous avons superposées, une carte synthèse (carte 5). Il en ressort que l'origine de la clientèle est fortement concentrée dans l'espace. Elle se confine au territoire que nous avons identifié plus haut comme le centre de Floribec, c'est-à-dire le quadrilatère formé des boulevards Dania Beach et Hollywood, du *Boardwalk* et de l'autoroute Dixie. Seulement deux des 16 répondants dépendent de clients provenant de zones extérieures à celle que nous avons convenu d'appeler le « centre floribécois » (surtout des résidants et des touristes d'origine canadienne-française). Les deux zones externes à ce centre représentent la clientèle d'un salon de coiffure à Pompano Beach et celle d'une agence immobilière de Plantation. Dans le cas du salon de coiffure, il s'agit surtout de touristes canadiens-français en vacances près de ce commerce, alors que dans le cas de l'agent immobilier, les clients viennent de toute la région.

Mais la carte 5 ci-contre ne représente pas seulement l'origine de la clientèle des commerçants interrogés; elle confirme aussi l'organisation spatiale de la communauté floribécoise telle que présentée au chapitre 4, où nous avons fait une distinction entre le centre et le DAR floribécois. Ainsi, si l'on compare la figure 3 à la carte 5, on peut faire un rapprochement certain sur le plan de l'organisation spatiale communautaire.

D'abord, le centre floribécois, tel que nous l'avons défini à partir de nos observations initiales, se confond avec le lieu d'origine de la clientèle de 14 des 16 commerçants rencontrés. La carte 5 confirme aussi que la clientèle se concentre là où la plupart des commerçants sont situés. Tous deux, clients et commerçants, occupent le même espace. Mais il est clair également que ces clients proviennent du DAR, le cœur touristique floribécois. En fait, les résidants floribécois à eux seuls ne pourraient faire vivre convenablement ces commerces; les touristes canadiens-français constituent donc une clientèle fondamentale, illustrant à quel point Floribec est véritablement une communauté orientée vers le tourisme canadien-français.

Donc, la clientèle des commerçants floribécois provient d'un territoire qui correspond également 1) à la principale localisation des Floribécois, 2) à l'espace occupé par la plupart des commerces exploités par des Floribécois et 3) au territoire du DAR. Il y a alors une forte concentration d'interactions dans ce quadrilatère bien particulier.

LES RÉSEAUX PERSONNELS

Une partie importante de notre entrevue visait à lever le voile sur les différents réseaux personnels des commerçants interrogés. Ce volet permettra par ailleurs d'élaborer sur d'autres types de liens, incluant les relations entre Floribec et le Québec.

Les réseaux locaux

Nous l'avons vu, les réseaux d'affaires floribécois sont denses et serrés. Mais qu'en est-il des réseaux sociaux personnels? Les questions de cette partie de notre questionnaire nous ont bien éclairé au sujet des réseaux locaux.

Fuir ou ne pas fuir les touristes canadiens-français?

Les deux premières questions de la troisième partie de l'entrevue cherchaient à connaître où vivent les répondants et pourquoi ils ont choisi ce secteur. Nous nous retrouvons ici, encore une fois, devant une opposition centre/périphérie. Ceux qui gèrent un commerce à Pompano Beach, Deerfield Beach, Plantation, Sunny Isles et Fort Lauderdale, ou des endroits comme l'extrême ouest de Hollywood, ne résident pas dans le centre floribécois. Les raisons évoquées sont les suivantes : la proximité du lieu de travail (puisque leur lieu de résidence est dans le même secteur que leur commerce), et l'éloignement volontaire des touristes canadiens-français de Hollywood. Ainsi, certains commentaires provenant de nos répondants sont très explicites en ce qui a trait au désir de vivre en retrait du centre de Floribec. En voici un :

— Pourquoi avez-vous choisi d'acheter une résidence et un commerce dans ce secteur de la grande région de Miami?
— On connaissait bien la région de Miami avant de déménager ici. On était souvent venus comme touristes. Mon mari et moi, on a visité pas mal tous les coins de la Floride. On a même pensé s'en aller en Arizona. Quand on a décidé d'acheter, on savait déjà qu'on voulait pas s'installer dans Hollywood. On y allait déjà pas comme touristes... Ce qui fait qu'on a regardé au nord du Petit Québec. On a visité le nord de Broward et on s'est rendus jusque dans le comté de Palm Beach parce que là aussi y'a des quartiers qu'on aime.
— Pourquoi avez-vous exclu le Petit Québec lors de vos visites?
— Ah mon Dieu [rires]! Nous autres, là, on s'est jamais tenus avec ce monde-là. La gang d'la plage de Hollywood, on peut pas les sentir! Ils nous font pas honneur! C'est pour ça qu'on allait pas là en touristes. La gang de Hollywood, c'est une classe de Canadiens qui est pas civilisée. Ils sacrent, ils ont l'air fou, ils savent pas

> comment s'habiller. Tu les vois se promener sur la plage avec
> la bière dans une main *pis* la cigarette dans l'autre. Es-tu allé les
> rencontrer? Tu vas voir, il y en a qui ont 50 ans, 60 ans, y'ont des
> grosses bedaines *pis* y portent des petits costumes de bain pour
> les jeunes (rires). Nous autres, on n'aurait pas pu vivre là. C'est
> pas le genre de clients qu'on veut. *Pis* on voulait pas juste attirer
> les Canadiens. On a rien contre les Américains. Mon mari et
> moi, on est « parfait bilingues ». C'est pour ça qu'on reste dans
> ce coin-ci. C'est calme, c'est paisible, les Canadiens qui viennent
> nous voir sont gentils. On a même un couple d'amis qui parlent
> français, *pis* on les voit régulièrement. On n'aurait jamais pu se
> faire des amis à Hollywood [rires] (Luc et Céline).

Et pourquoi ceux qui travaillent dans la zone de Hollywood, de Hallandale et de Dania y résident-ils? Simplement parce qu'ils apprécient le style de vie créé par la présence des nombreux touristes canadiens-français. La multitude de services offerts en français constitue aussi un facteur dominant. Il est important de noter que les Floribécois du centre de la communauté ne font jamais état d'une classe socioéconomique différente de la leur. Pour eux, tous les Canadiens sont égaux, et tous profitent du « voyage permanent » malgré les longues heures de travail.

Peut-on parler alors de deux communautés floribécoises? Nous ne croyons pas que l'on puisse opposer deux modes de vie de façon si catégorique. Néanmoins, nous observons facilement qu'à mesure que l'on s'éloigne du centre de la communauté, les Floribécois tendent à entretenir des liens plus étroits avec les Anglo-Saxons, les Américains. Il s'agit en fait d'une simple transition socioculturelle entre l'intérieur et l'extérieur de la communauté, transition qui est également spatiale.

De fait, il n'existe pas une véritable frontière socioculturelle ou spatiale à Floribec. À mesure que l'on quitte le centre floribécois, les résidants et les commerçants francophones se font plus rares. Cela s'observe aisément dans l'espace bâti et en analysant les données de recensement. Au centre, les réseaux sociaux personnels et d'affaires sont donc denses et relient surtout des Floribécois entre eux et à des touristes canadiens-français. Toutefois, en s'éloignant du centre, ces réseaux deviennent moins denses et relient des Floribécois à des

Anglo-Saxons, et ce, parce que les lieux structurants diminuent. Cette gradation sociospatiale mène éventuellement à la disparition, dans l'espace, des Floribécois et des divers géosymboles qui signalent leur présence.

Bref, les Floribécois qui préfèrent entretenir des rapports étroits avec les émigrants et les touristes canadiens-français se regroupent dans le centre. Ceux qui veulent limiter ces relations se dirigent plutôt vers la périphérie.

Des réseaux floribécois larges au centre, étroits en périphérie

Les réponses à la question suivante révèlent également une baisse dans la force des relations sociales entre Floribécois à mesure que l'on s'éloigne du centre. Lorsque interrogés à propos de leur connaissance d'autres Canadiens français dans leur secteur, les répondants qui habitent la périphérie ont mentionné en connaître au plus une dizaine, ce qui contraste largement avec ceux du centre floribécois, où la plupart parlent plutôt d'une cinquantaine. Et ceux qui habitent la Floride depuis plusieurs années nous ont répondu connaître au moins une centaine de Floribécois, en sous-entendant que ce chiffre pourrait être bien plus élevé. La densité des réseaux sociaux et d'affaires du centre de la communauté explique sans doute cette situation. De plus, ceux qui habitent la périphérie ne cherchent pas nécessairement à créer des liens avec d'autres Floribécois ; le fait qu'ils maîtrisent l'anglais, qu'ils soient plus ouverts à la culture locale et que le nombre de Floribécois soit moins élevé est une explication possible. Voici ce que nous a rapporté un couple de résidents en périphérie d'origine canadienne-française :

> Nous, on a peu de contacts avec le Petit Québec. On a des amis anglophones qu'on visite sur une base régulière. On joue au golf ensemble, on va au restaurant ensemble, on fait un tas d'activités avec ce couple anglophone-là. On parle aussi à certains francophones du Québec mais c'est pas parce qu'on n'a pas le choix. Nous, on parle l'anglais, donc on peut rencontrer des Américains comme des Québécois. En plus, faut dire que les francophones qu'on connaît ne fréquentent pas le Petit Québec non plus. Parfois, notre profession nous oblige à les rencontrer mais les relations demeurent strictement professionnelles (Marc et Renée).

Davantage d'activités communautaires au centre qu'en périphérie

La question sur les activités communautaires francophones dans le sud-est de la Floride fait ressortir, elle aussi, les différences de comportement entre ceux résidant dans la périphérie et ceux habitant le centre floribécois. Ces derniers, en particulier les Floribécois installés en Floride depuis plus de 10 ans, ont remarqué une croissance dans l'offre des activités communautaires leur étant destinées. On cite le plus souvent comme exemples des bingos et des soirées de danse. Quant à ceux de la périphérie, soit qu'ils mentionnent que ce genre d'activités est inexistant, soit qu'ils l'ignorent. À vrai dire, en analysant bien leur propos à ce sujet, la réponse serait plutôt qu'ils ne sont pas intéressés par ces types d'activités. D'autant plus que le désintérêt des Floribécois de la périphérie pour la vie culturelle francophone a provoqué l'absence quasi totale de celle-ci. Par exemple, le commerçant de Sunny Isles a indiqué qu'elles ont diminué. Cela nous semble fort probable vu le déclin de la vie floribécoise dans ce secteur de Miami depuis le début des années 1990. L'exemple qui suit montre bien l'attitude des résidants de la périphérie à l'égard des activités communautaires floribécoises.

> Sais-tu, pour être franc, j'suis pas certain s'il y a des activités communautaires en français dans notre secteur. Si je voulais, j'aurais juste à aller à Hollywood, mais c'est pas mon genre de monde. Non. Nous autres, on court pas après les Québécois. Disons qu'on vit pas mal comme le reste des gens du quartier, *pis* les activités, elles sont généralement en anglais. Quand on a quitté le Québec, c'était pas pour retrouver d'autres Québécois, et encore moins ceux du Petit Québec [rires] (Hughe).

Ceux du centre ont des membres de leur famille en Floride

Nous avons aussi interrogé les répondants sur leur famille. Nous leur avons d'abord demandé s'ils avaient de la famille canadienne-française en Floride. Neuf répondants, tous du centre floribécois, ont indiqué avoir des membres de leur famille qui habitent l'État de la Floride. Il s'agit en général d'un frère ou d'une sœur, qu'ils visitent en moyenne une seule fois par mois, faute de temps libre, disent-ils. Toutefois, un motelier voit quotidiennement l'un de ses cinq frères (d'une famille de dix) qui habitent Floribec. Le fait qu'il y ait des liens familiaux au centre de la communauté (et aucun dans la périphérie) est un élément important dans la mise en place et dans le maintien des réseaux sociaux personnels et d'affaires dans la communauté floribécoise.

Des enfants qui ne parlent pas tous français

Les Floribécois interrogés ont-ils des enfants? C'est le cas pour 16 d'entre eux, répartis entre le centre et la périphérie. Et leurs enfants résident-ils en Floride où y ont-ils déjà résidé? C'est le fait de 11 des familles rencontrées. Toutefois, leurs enfants ne parlent pas tous français. En fait, quatre familles du centre floribécois ont des enfants ne parlant pas du tout français, et ce, parce qu'ils sont nés en Floride, de dire nos répondants. Quant aux sept autres familles, cela dépend encore du lieu de naissance. Ceux nés en Floride (deux familles) parlent en français à la maison seulement. Ceux qui ne sont pas nés en Floride (deux familles) maîtrisent le français sans difficulté. Enfin, les trois autres familles nous ont raconté avoir émigré en Floride avec leurs enfants, mais que ces derniers ont préféré retourner au Québec parce qu'ils n'aimaient pas la qualité de vie de Miami, comme en témoigne cette famille :

> Nous autres, on est partis de Montréal avec nos deux filles qui avaient 8 et 10 ans. C'était tout un événement, crois-moi. Les enfants ne dormaient plus depuis un mois tellement elles avaient hâte de déménager en Floride. Elles étaient même pas tristes de quitter leurs petites amies. Une fois rendues ici, elles ont réalisé qu'elles n'étaient pas en voyage. Fallait qu'elles travaillent au motel; des fois elles étaient fatiguées de laver des lits pis de passer la balayeuse. Pis l'école, mon Dieu! C'était pas un cadeau au début. Elles avaient de la misère les premières années. Elles se sont fait des amies, *pis* là, les choses se sont améliorées tranquillement. Quand elles ont fini leur *high school*, c'est là qu'elles ont décidé de retourner au Québec. Il y en a une qui vivait chez mon frère *pis* sa femme, et l'autre restait chez ma mère. C'est à Montréal. Elles allaient au cégep dans ce temps-là. Aujourd'hui, elles vivent encore à Montréal. Il n'est pas question pour elles de venir vivre en Floride. L'hiver leur manquait, *pis* elles trouvaient la vie américaine trop stressante *pis* violente. Des fois, elles viennent avec leur *chum* pour passer deux semaines, mais c'est tout. Elles n'ont pas le goût de rester (Mike et Jacqueline).

Ces informations mettent en lumière une réalité fondamentale pour l'avenir de Floribec : la communauté ne possède pas véritablement de seconde génération pour maintenir ses institutions. Aussi, l'assimilation de la deuxième génération floribécoise est un problème aigu. Certes, Floribec dispose d'institutions à caractère touristique, mais elle ne compte aucune école entièrement ou partiellement de langue française. Autre problème non négligeable, certains enfants ne semblent pas attirés autant que leurs parents par le style de vie floridien, car ils choisissent de retourner au Canada ou de s'établir ailleurs aux États-Unis.

Les liens avec le Québec

Un des atouts majeurs de Floribec est sans contredit son rapprochement culturel, social et communicationnel avec le Québec. Tant les touristes canadiens-français que les Floribécois en tirent profit.

On est visités et on visite

D'abord, les Floribécois, peu importe leur lieu de résidence dans la communauté, entretiennent un lien avec le Québec par des de visites de parents et d'amis. En effet, 13 de nos répondants reçoivent une fois par année des visiteurs du Québec, généralement leurs parents ou leurs frères et sœurs; 10 font de même entre deux et cinq fois par année, un nous a dit accueillir de la parenté tous les mois, tandis qu'un autre ne reçoit personne. Qu'en est-il des Floribécois en visite au Québec? La moitié (12) des répondants vont au Québec une fois par année, huit s'y rendent de deux à cinq fois annuellement, et cinq y vont rarement (la dernière visite remontant à une période de 16 mois à 7 ans). On observe donc que les commerçants ne sont pas isolés de leur lieu d'origine et qu'ils ont le loisir de recevoir ou de visiter leurs proches sans difficulté. En fait, ces réseaux d'echanges sociaux personnels, et reliant Floribec au Québec, font partie intégrante de Floribec.

Les visites au Québec pendant la saison morte, et les visites de proches pendant l'hiver, constituent un aspect majeur du quotidien floribécois. Plusieurs moteliers acceptent volontiers d'offrir une chambre à leurs proches en échange de services. Cela réduit les dépenses des visiteurs, les hôtes reçoivent un coup de main, et tous peuvent profiter d'une occasion de se rencontrer et d'avoir du bon temps en famille, comme le mentionne ce Floribécois :

> Nous autres, on a quasiment toujours de la famille du Québec qui vient chez nous pendant l'hiver. On en a tellement que c'est comme

avoir un autre motel [rires]. On en a qui voudraient *ben* rester plus longtemps, mais on peut pas : y'en a d'autres qui attendent. C'est pour ça que je dis que c'est comme un autre motel. Nos frères, nos sœurs, nos parents nous appellent tous pendant l'automne pour nous avertir quand ils pensent pouvoir venir passer deux ou trois semaines dans notre maison, *pis* là on leur dit s'il y a de la place, si quelqu'un a déjà réservé pour ces semaines-là. On leur charge rien parce qu'on est *ben* content de les voir. Quand on va au Québec pendant l'été, ils nous reçoivent *ben* eux autres aussi. Une chance qu'on marche de même sinon on ne se verrait pas beaucoup, *pis* on aurait pas assez de nouvelles de chez nous. Je te dis, on a presque pas de temps sans qu'il y ait pas de visite pendant l'hiver. Des fois, ils nous donnent un coup de main avec le motel. On ne leur demande même pas, c'est eux qui nous l'offrent. Ils aiment ça, qu'ils nous disent. Nous autres aussi... [rires] (Mike et Jacqueline).

On lit peu les journaux du Québec

Une autre façon pour les Floribécois de garder des liens avec le Québec est par l'entremise des médias télévisés et écrits en provenance du Québec, lesquels abondent à Floribec. Ils jouent en effet un rôle de premier plan dans le maintien de la communauté floribécoise et permet aux répondants d'élargir leur espace de vie quotidienne. Les journaux sont toutefois beaucoup plus effacés que la télévision. Seulement trois répondants lisent un quotidien, soit deux avocats et un éditeur. Six autres répondants nous ont indiqué faire de même quelques fois par semaine, mais simplement parce que des clients québécois en laissent des exemplaires dans leur établissement. Dans le cas de ces derniers répondants, il s'agit de quatre moteliers, d'un garagiste et d'un épicier qui en revend. Les 16 autres ne lisent jamais de journaux du Québec. Selon nous, ce faible intérêt pour la lecture de journaux québécois pourrait s'expliquer par le statut socioprofessionnel des répondants, qui ne favorise pas ce genre d'habitude. Certains répondants de la périphérie nous ont dit par ailleurs ne pas lire de journaux du Québec pour la simple raison qu'ils ne sont pas intéressés par leur contenu ; les journaux locaux répondent amplement à leurs besoins, autre indice de leurs rapports plus étroits avec la culture américaine et de leur plus grande autonomie socioculturelle.

On regarde beaucoup la télévision québécoise

Il en est tout autrement pour les habitudes télévisuelles. En fait, seulement deux répondants, éloignés du centre, préfèrent la télévision américaine, alors que tous les Floribécois du centre regardent la télévision québécoise chaque jour. Les résidants situés en périphérie la regardent deux ou trois fois par semaine, ce qui n'est pas négligeable. Bien que la plupart des commerçants floribécois du centre se doivent d'offrir la télévision québécoise à leur clientèle, ils la regardent aussi par intérêt personnel. Le commentaire de cette restauratrice est très évocateur à cet égard :

> La TV du Québec, c'est *ben* important pour moi. J'pourrais vraiment pas m'en passer. Je l'allume le matin de bonne heure quand c'est *Salut Bonjour*, pis j'la ferme juste le soir vers 11 h 30, minuit, après les nouvelles. Que je sois au restaurant ou *ben* à la maison, y'a pas de différence : la TV en français est toujours allumée. Au restaurant, c'est pas juste pour moi. C'est mes clients qui la veulent. T'en as qui viennent dans mon restaurant parce que j'ai des postes de Montréal. Si c'était pas de la TV, je suis pas certaine qu'ils reviendraient tous les jours. Moi, je peux pas m'en passer en tous les cas. Pendant que je travaille, je jette toujours un coup d'œil pour voir ce qui se passe chez nous. Les nouvelles, c'est sacré pour moi. J'ai des touristes qui me disent de regarder des téléromans, mais j'ai pas assez de temps pour les regarder chaque semaine. Les nouvelles nous disent ce qui se passe au Québec *pis* au Canada. On a l'air moins fou quand on parle avec notre famille du Québec. Y reste que je la laisse toujours allumée. [...] La TV américaine, je la regarde pas *ben* souvent. Des fois je *check* les nouvelles pour regarder quelque chose de spécial, mais c'est rare. J'suis pas intéressée par ce qui se passe à Miami, sauf si c'est vraiment important (Suzanne).

Il a été facile de savoir ce que les répondants regardent puisqu'ils nous en informaient sans que nous ayons à le leur demander. Ansi, presque tous les Floribécois interrogés regardent quotidiennement les nouvelles (surtout celles de TVA) et l'émission du matin du même réseau, *Salut Bonjour*, question de savoir ce qui se passe au Québec. On admet aussi, avec humour, s'intéresser à la météo... Et plusieurs suivent avec intérêt les émissions *La petite vie*, *Le match de la vie* et *Claire Lamarche*. Ceux ayant un niveau de scolarité plus élevé, surtout situés en périphérie, préfèrent le bulletin de nouvelles de Radio-Canada et tiennent à ne pas manquer *Le point*.

On voit donc que les réseaux de communication qui relient Floribec au Québec font partie intégrante de l'espace de vie floribécois. Il s'agit en fait de réseaux de relations essentiels au maintien de la culture de langue française à Floribec et de la communauté en général. La télévision et les journaux du Québec viennent aussi modifier notre vision de l'organisation spatiale de la communauté, puisqu'elle doit désormais inclure une dimension nouvelle. Cette autre dimension vient du fait, assez récent, que les communautés ethniques, par exemple, peuvent garder des liens institutionnels plus forts avec leur région ou pays d'origine grâce aux réseaux d'information à distance. Ceux-ci permettent un contact quotidien, direct et immédiat, ce qui facilite le maintien d'une culture distincte à distance. Ainsi, une communauté peut plus facilement survivre à distance du foyer original. C'est le cas de Floribec, qui dépend des touristes et des médias du Québec pour conserver sa culture de langue française. Il devient alors difficile de définir l'étendue spatiale d'une communauté, surtout lorsque son existence socioculturelle dépend d'institutions situées à des milliers de kilomètres. Le chapitre 4 sera l'occasion d'élaborer sur ce point important.

Mourir en Floride? Pas pour tous les Floribécois

Par ailleurs, si présentement Floribec semble vibrante sur le plan socioculturel, on ne peut en dire autant qu'il en sera toujours ainsi. Il semble en effet que la seconde génération est soit fortement assimilée, soit qu'elle est peu attirée par la Floride. Mais les Floribécois de la première génération, eux, ont-ils l'intention d'y demeurer pour toujours? D'après nos discussions avec les répondants, c'est ce que 15 d'entre eux envisagent, peu importe leur profession et leur lieu de travail, et ce, à un point tel que 11 d'entre eux souhaitent même être inhumés en sol floridien. Les propos qui suivent éclairent beaucoup sur la vie nouvelle de ces Floribécois :

> Jamais que je vais retourner. J'y ai trop goûté, avec l'hiver. Faut être riche pour vivre au Canada! Comment que tu penses que ça coûte au

monde, l'hiver? T'achètes un char neuf *pis* au bout de cinq ans déjà la rouille sort! En plus de ça faut que t'achètes des *tires* d'hiver à tous les deux, trois ans. C'est la maudite paix ici. Les chars sont pas chers *pis* tu peux les garder longtemps, le linge est pas cher non plus, sans compter que t'as pas de linge d'hiver à acheter, ça c'est une autre affaire qui te ruine. […] Je vois ma famille en masse. On se voit, ils viennent ici *pis* moi je monte de temps en temps, ça fait que je me sens pas tout seul. Même affaire pour ma femme […]. Moi, je veux mourir ici à la chaleur. Remarque, ils feront ce qu'ils veulent de moi, mais quand je vais mourir je veux qu'ils mettent mes cendres dans la mer (Maurice).

Mais tous ne sont pas aussi certains de rester en Floride. Quatre hésitent, mentionnant qu'ils ne connaissent pas l'avenir, tandis que pour six Floribécois, on anticipe un retour au Québec. Et les raisons de retour sont nombreuses : « Miami est une ville violente », « Il n'y a qu'une saison », « Les Américains ne sont pas agréables », « La qualité de vie n'est pas aussi bonne qu'au Canada. » Mais par-dessus tout, nous détectons dans leur discours que leur aventure en Floride n'était pas à la mesure de leurs attentes, surtout sur le plan économique. Certains, comme celui que nous citons ci-dessous, apparaissent quelque peu isolés dans la société américaine, et en semblement désabusés.

J'vais te dire une affaire : Miami, c'est pas mal moins beau que le monde pense. Les touristes y voient juste ce qu'ils veulent. Ils sont sur la plage « à la journée longue », *pis* ils prennent un coup dans leur motel en jouant aux cartes, *pis* deux semaines après ils reviennent au Québec avec un beau *sun tan pis* ils pètent de la broue à leurs *chums*. Ils disent qu'on est chanceux *pis* qu'on devrait pas se plaindre. S'ils savaient! Ils sont ici deux semaines par année, des fois un mois. Comment peux-tu savoir ce que c'est que de vivre ici? Eux autres, ils les connaissent pas, les Américains. Ils les voient dans les films à la TV *pis* c'est tout. S'ils savaient que ce qu'ils voient dans les films, c'est pas mal proche de la réalité, peut-être bien qu'ils changeraient de *record*. Quand je vivais à Montréal, moi, je pouvais sortir à n'importe quelle heure du jour. Ici, c'est pas la même histoire. Il n'est pas question de marcher dans le centre-ville de Miami après 8 h le soir, même pas dans certains coins de Fort Lauderdale. Y'a un dépanneur pas loin de chez nous (Hollywood), *pis j'vas* te dire que des fois je me sens pas *safe* d'y aller tout seul. Tu vois des gangs de Noirs avec des gros chars *pis* la musique à pleine tête là-dedans. Ils te regardent comme si t'avais pas d'affaire là. C'est rien qu'un exemple que je te donne, là. Prends par exemple l'Américain. Lui, là, il pense juste à lui. Il se sacre *ben* de toi, surtout si t'es pas comme lui, je veux dire un Américain. Si t'es dans la *marde*, il va te marcher dessus. Ils sont pas comme nous autres, pas une miette. Si tu fais quelque chose qui fait pas son bonheur, il va tout de suite appeler son avocat. Ils sont maniaques des avocats. C'est une vraie obsession. Y'a *ben* plus de mauvais côtés que de bon côtés, ici. *Chu* pas un nouveau, moi là. *Chu* ici depuis quasiment 10 ans. J'peux te dire ce qui marche *pis* ce qui marche pas en Floride *pis* chez les Américains. [...] Mes vacances sont finies depuis pas mal longtemps. Je crèverai pas à Hollywood, c'est certain. Aussitôt que j'vais avoir assez d'argent pour prendre ma retraite, je retourne dans le coin de Montréal, quelque part dans les Laurentides. [...] J't'écœuré des touristes québécois qui se plaignent tout le temps. L'été, t'étouffes ici, tu peux pas aller dehors, tu vis avec l'« air conditionné » jour et nuit, y'a les *hurricanes* qui t'arrivent n'importe quand. Ah non, mon ami! J'ai vu ce que c'est Miami *pis* les Américains. Ils sont *rough*, ils pensent juste à faire de l'argent, ils pensent juste à eux autres. Vous êtes *ben* vous autres *pis* vous le savez même pas (Claude).

TERRITOIRE, IDENTITÉ, COMMUNAUTÉ

L'identité qui découle de l'attachement à un territoire et du sens qu'on lui attribue est au cœur même de la définition géographique de la communauté. Dans le cadre de notre recherche, il nous a donc paru essentiel d'explorer le sentiment d'appartenance et l'attachement des membres de Floribec envers leur nouvel espace de vie.

Le Petit Québec

Une localisation sur laquelle tout le monde s'entend
Les Floribécois, qu'ils proviennent du centre ou de la périphérie, savent très bien qu'on se réfère souvent à l'espace de la communauté

Carte 6
L'espace floribécois d'après les répondants

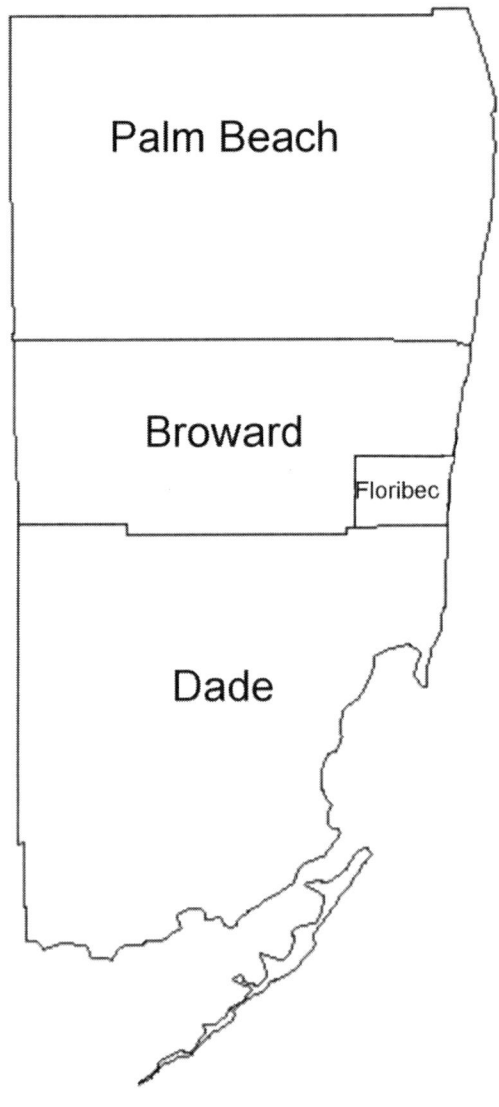

sous le vocable « Petit Québec ». Toutes les personnes interrogées étaient familières avec l'expression. Aucune n'a hésité à dire qu'il existe un Petit Québec en Floride. Mais où est le Petit Québec ? Et quel rôle les Floribécois lui confèrent-ils dans leur identité ?

En utilisant exactement les mêmes modalités que lorsqu'ils ont localisé la provenance de leur clientèle, nous avons demandé aux répondants de délimiter le Petit Québec de la Floride. Pour tous nos répondants, sans exception, l'utilisation de la carte semblait superflue puisqu'ils étaient en mesure d'en identifier verbalement les frontières, en se référant à des voies routières. Nous leur avons cependant demandé de le délimiter sur une carte.

La similitude entre les cartes annotées de nos divers répondants fut remarquable (carte 6). Si deux répondants de la périphérie nous ont indiqué que le Petit Québec se situe sur ce qu'ils appellent « la plage de Hollywood », c'est-à-dire le DAR de Floribec (figure 3), les 22 autres ont tous tracé un cercle autour de Hollywood, de Hallandale et de Dania, ce qui correspond de près au centre floribécois (Floribec sur la carte 6), alors qu'un autre y a inclus Sunny Isles. Ils sont unanimes quant aux limites nord et sud : les boulevards Dania Beach et Hallandale, bien que le commerçant de Sunny Isles ait étendu la limite sud à Sunny Isles. La limite est s'arrête à l'océan Atlantique, mais la limite ouest varie légèrement : 20 répondants ont indiqué l'autoroute Dixie, et deux autres, l'autoroute 95. Néanmoins, les informations recueillies concordent suffisamment pour qu'on puisse affirmer que le territoire perçu de la communauté se limite à celui du centre évoqué tout au long de la recherche. Ainsi, les Floribécois ont-ils tendance à resserrer le périmètre de leur communauté plus que nous avons été porté à le faire ? Nous y reviendrons plus loin.

Une perception qui change en fonction de la localisation

Les variations dans les réponses s'expliquent aisément par le fait que la perception du territoire de la communauté n'est pas étrangère à la localisation du répondant. Ceux qui réduisent Floribec à la plage sont les mêmes qui ont un préjugé envers les touristes canadiens-français et les commerçants floribécois qui se regroupent sur le *Boardwalk*. Celui qui étire la limite sud de la communauté à Sunny Isles possède un commerce dans cette même banlieue. Les deux répondants qui considèrent que Floribec s'étend à l'ouest jusqu'à l'autoroute 95 ont leur commerce à proximité de cette artère majeure. Les 20 autres, ceux qui ont tracé des frontières qui correspondent au centre, habitent effectivement dans les localités de Hollywood, de Dania et de Hallandale.

Appartenance et identité

Qu'en est-il de l'identité floribécoise des répondants? Comment s'identifient-ils à la Floride, sur les plans socioculturel et spatial, maintenant qu'ils ont enfin réalisé, pour la plupart, leur rêve d'y habiter? Se sentent-ils Américains?

Un profond attachement, pour ceux qui y vivent

Ceux qui travaillent et résident dans le centre floribécois nous ont dit qu'ils s'y sentaient « beaucoup » attachés, étant donné qu'ils utilisent amplement ses services et ses institutions, et parce que leur vie quotidienne se déroule principalement à l'intérieur de cet espace. Comme nous le dit ce restaurateur :

> C'est chez moi, ici. J'ai pas vraiment besoin de sortir du coin. D'abord, je trouve tout ce que je veux. Que ce soit pour l'épicerie, les journaux, les mécaniciens, les restaurants... Ensuite de ça, *ben* ici tout se passe dans ma langue; c'est *ben* rare que je parle en anglais. Y'a tellement de services en français. Les touristes canadiens aident aussi. Avec eux autres, c'est comme si on était une grande ville française. [...] Quand tu mets ça tout ensemble, tu comprends pourquoi j'voudrais jamais vivre ailleurs en Floride que dans ce coin-ci de Hollywood. J'serais *ben* fou d'aller ailleurs! J'ai tout ce que je veux dans ma langue, en plus du *fun* d'être avec des touristes canadiens (Daniel).

Pour des raisons opposées, ceux qui habitent la périphérie ne s'identifient « aucunement » au Petit Québec, et certains répondants tiennent fermement à ne pas y être associés.

> Je ne me sens aucunement attaché au Petit Québec, *pis* je ne le serai jamais non plus! [rires]. On y est allés comme touristes y'a longtemps de ça. Mais les autres fois qu'on est venus en voyage en Floride, on allait comme à West Palm Beach, à Deerfield Beach, dans ces villes-là, tu vois? Les touristes québécois, *pis* même les anglophones, sont pas mal différents de ceux de Hollywood. C'est pour ça qu'on n'a pas voulu s'établir à Hollywood : le monde a pas de classe. On ne se voyait

pas là du tout. Ceux de Hollywood, ils forment un groupe *ben* serré. Dans le fond c'est normal, ils se ressemblent. [...] Nous autres, ont est plutôt mêlés aux gens de notre quartier. On peut pas dire qu'on est nécessairement attachés au quartier comme ceux de Hollywood sont attachés au Petit Québec. C'est juste que c'est un quartier résidentiel ici, *pis* les gens font leur petite affaire. On se parle mais on garde nos distances. Tout le monde ici aime que les choses soient comme ça (Luc et Céline).

Qui sont les Floribécois?

Qui sont les Floribécois? Sont-ils des Canadiens, ou des Américains, ou les deux à la fois? Qu'en est-il de leur identité?

Parmi ceux qui ne prévoient pas revenir au Canada, c'est-à-dire ceux qui seraient le plus susceptibles de se sentir Américains, une dizaine ont répondu d'un oui assuré à la question à savoir s'ils se sentent Américains, pour ensuite nuancer leur propos. Après avoir discuté de leur identité pendant quelques minutes, ces répondants nous ont dit : « Tu sais, on reste toujours Canadien, dans le fond. » Donc, qu'ils aient obtenu leur citoyenneté américaine ou non, qu'ils veuillent mourir en Floride ou pas, qu'ils l'aiment ou la détestent, les Floribécois ne se considèrent pas vraiment Américains. Les nombreux réseaux qui les relient au Québec et à sa culture font en sorte qu'ils ne peuvent s'affirmer Américains.

Mais qui sont-ils alors? Ils ne sont pas Américains, ni Canadiens, ni Canadiens français ni Québécois. Nos répondants semblent confus parce qu'ils ne peuvent s'affirmer comme étant citoyens d'un seul pays. L'attachement culturel au pays d'origine étant trop fort, ils ne réussissent pas à se considérer Américains à part entière. En fait, ils se définissent en relation avec les Américains, c'est-à-dire qu'ils se considèrent comme des Canadiens vivant aux États-Unis, ou encore des Canadiens ayant leur citoyenneté américaine. Donc, on pourrait dire qu'il s'agit de citoyens américains avec une identité culturelle canadienne (les répondants font surtout allusion au Canada). L'extrait qui suit éclaire nos propos à ce sujet :

> T'obtiens pas ta citoyenneté aussi facilement qu'on pourrait le penser. C'est dur *pis* c'est long. T'es *ben* soulagé quand c'est passé. [...] Oui, j't'Américaine. Je vis ici depuis un bon bout de temps, je connais la société comme le fond de ma poche. Les Américains, y'ont plus de

secrets pour moi. J'sais ce qui se passe aux États-Unis, j'connais la politique, t'sais. Écoute, je vis ici, là. Je peux pas dire par exemple que je ne suis plus Canadienne. J'suis née au Canada. J'ai toujours mon passeport. J'ai une *dual citizenship*. Tu laisses pas tout derrière toi parce que tu changes de pays. J'ai de la famille au Canada, que je vois régulièrement : ils viennent ici, *pis* moi j'y vais aussi quand j'ai le temps. Je me tiens toujours au courant de ce qui se passe chez nous avec la TV, *pis* des fois avec les journaux. J'ai rien perdu de ma culture pour autant. J't'Américaine parce que je réside aux États-Unis et que j'ai obtenu ma citoyenneté, mais on ne m'a pas jetée dehors du Canada! Le Canada reste le pays où j'ai grandi, *pis* où je me suis mariée. Je te dirais que je suis Américaine sur papier, *pis* parce que j'ai déménagé en Floride. Mais je suis Canadienne parce que c'est ma culture. Je ne peux pas passer une journée sans regarder les postes de Montréal (télévision). T'sais, j'ai des contacts à tous les jours avec mon monde, *pis* je vis dans ma maison quasiment comme je vivais avant de partir. On n'a pas de vrais amis américains. En fait, nos seuls vrais amis viennent du Canada. C'est plus qu'avoir deux citoyennetés : c'est avoir deux cultures. Y'en a une que tu traînes dans ton cœur *pis* une autre où tu demeures. C'est drôle, c'est pas facile à dire *pis* à comprendre, mais c'est la seule manière que je peux te l'expliquer (Micheline).

* * *

De cette vision de l'intérieur de Floribec, on peut conclure que l'espace occupé par la majorité des commerces floribécois, de même que leur clientèle, se trouve dans le Petit Québec, qui correspond à la zone de Hollywood, de Hallandale et de Dania, laquelle contient la plupart des institutions floribécoises. Cette zone, à laquelle la plupart des répondants s'identifient, dispose de réseaux sociaux personnels et d'affaires très denses. Aussi, elle constitue le cœur économique, social et culturel de la communauté. Floribec déborde cependant en périphérie de cette zone, à la faveur de réseaux d'affaires qui relient les émigrants canadiens-français localisés ailleurs dans le Grand Miami à ceux du centre. On peut s'interroger cependant quant à l'identité des résidants de la périphérie floribécoise.

Chose certaine, les rapports qu'entretiennent les Floribécois de la périphérie avec la communauté ne sont pas de même nature que ceux qui caractérisent le centre. Il est clair que la périphérie fait partie de Floribec vu les réseaux d'affaires qu'elle partage avec le centre et ses touristes. Par contre, elle est loin de s'identifier au territoire du Petit Québec, avec lequel elle refuse même d'être associée.

Nous avons également remarqué des liens sociaux et communicationnels très étroits entre Floribec et le Québec, lesquels, à la faveur du tourisme, permettent de maintenir la culture de langue française à Floribec. Ces liens à distance avec le pays d'origine viennent modifier notre perception traditionnelle de l'espace d'une communauté. Selon nous, et c'est ce que notre étude démontre, il faut désormais ajouter une dimension aux institutions et aux lieux structurants sur lesquels repose une communauté, puisque celle-ci peut se construire autour d'institutions et de lieux structurants se situant hors de son espace de vie local. Floribec illustre bien cette réalité nouvelle : les médias québécois sont accessibles aux membres de la communauté floribécoise, et ce, par l'entremise de la câblodistribution et d'autres moyens de transmission rapide.

CHAPITRE 4

ESPACE ET COMMUNAUTÉ

Ce chapitre propose une synthèse de ce qui vient d'être évoqué sur les liens entre l'espace et la communauté. Nous verrons comment Floribec se démarque des autres communautés en milieu urbain. Nous ferons quelques comparaisons entre Floribec et Old Orchard Beach, un autre lieu de vie française développé à la faveur du tourisme québécois. Nous ferons ensuite un bref retour sur les dimensions spatiales de Floribec, ce qui nous permettra de mettre en lumière les espaces autour desquels la communauté se structure. Nous en tirerons quelques éléments de réflexion sur la dimension géographique de la communauté, qui nous amèneront à traiter des types de regroupements sociaux dans l'espace, et aussi du rôle de l'espace et des lieux structurants dans la formation d'une communauté.

TRAITS PARTICULIERS DE FLORIBEC

On le sait, la présence d'émigrants canadiens-français en Floride intrigue à plusieurs égards. D'abord, Floribec est davantage qu'une destination touristique populaire. Mise sur pied par une première génération de touristes canadiens-français amoureux du sud-est de la Floride, elle est devenue une véritable communauté où on retrouve non seulement une diversité de produits et de services en français, mais aussi une vie quotidienne très animée.

Floribec, une communauté « nouveau genre »

Les spécialistes de l'Amérique française, habitués aux regroupements d'immigrants canadiens-français travaillant, pour la plupart, dans les secteurs primaire ou secondaire, découvrent à Floribec une communauté « nouveau genre ». Elle est récente, active, située en banlieue d'une grande métropole américaine, et elle ne repose ni sur l'industrie forestière, non plus que sur l'agriculture, mais bien sur le tourisme. Les Franco-Américains qui se rendaient par centaines de milliers en Nouvelle-Angleterre n'avaient pas le choix, pour plusieurs, de s'exiler : migrer devenait la seule façon de nourrir sa famille, de la loger adéquatement, voire de lui offrir quelques luxes, et de permettre à ses enfants d'obtenir une éducation. Les circonstances de la migration à Floribec sont très différentes. Chacun veut, ici aussi, accéder à une vie meilleure. Mais les raisons qui attirent en Floride sont moins économiques que climatiques. Les émigrants souhaitent y trouver une ambiance de vacances dans un environnement subtropical. Ici, la fortune ne se traduit pas en dollars, mais plutôt… en Fahrenheit. On veut réaliser un rêve : celui de quitter l'hiver et de devenir vacancier permanent. La plupart des personnes rencontrées partagent ce rêve. Elles partagent également une même volonté de se donner les instruments nécessaires pour vivre ensemble, en français, dans un milieu qui leur plaît. C'est de la conjonction de leurs efforts qu'est né Floribec.

Floribec est une communauté de banlieue. Elle n'a pas d'assise dans les quartiers centraux de Miami, contrairement aux autres communautés ethnoculturelles présentes dans la région. C'est là un autre de ses caractères distinctifs. Le bref historique que nous avons présenté sur la présence canadienne-française dans la région de Miami, sur le phénomène de l'étalement urbain et sur la fuite des Blancs de la ville centrale après l'arrivée massive d'immigrants cubains et antillais nous a aidé à comprendre pourquoi Floribec est localisé dans le comté de Broward. Les modalités de son implantation géographique diffèrent donc de celles de la plupart des autres communautés ethniques, comme si Floribec était une communauté établie depuis plusieurs générations, ce qui n'est évidemment pas le cas. Ce que le cas de Floribec nous montre, c'est que des populations émigrantes blanches, assez autonomes socioéconomiquement, peuvent s'établir directement en banlieue, sans faire les frais d'un passage obligé dans les quartiers centraux. Selon nous, cette communauté pourrait servir aux chercheurs intéressés à élaborer un modèle sur les processus de mise en place d'une communauté en banlieue ou en périphérie des villes.

Une communauté qui ne laisse pas indifférent

Une autre caractéristique de Floribec réside dans l'attention que les médias lui ont porté[12]. Que de choses ont été dites au Québec, et même aux États-Unis, sur le comportement des touristes québécois en Floride! Plus souvent négative que positive, l'image que les médias projettent des vacanciers québécois dans le sud des États-Unis vise plus particulièrement la classe populaire, c'est-à-dire ces gens provenant de milieux ouvriers ou de la classe moyenne qui sont de grands consommateurs de produits de masse (inspiré de Johnson, 1995, p. 206). Les films et les journaux québécois ont bien réussi à nous informer sur les méfaits de ces touristes, qu'ils considèrent peu sophistiqués, « quétaines », bruyants, malpropres, vulgaires, etc.

Les journalistes québécois ne sont pas délicats à l'endroit des touristes québécois en Floride. Dans un article de 1976, un journaliste de l'*Actualité* y va à cœur joie contre les touristes québécois. Dans l'extrait ci-dessous, il rapporte les propos d'un motelier floribécois :

> La meilleure façon de distinguer un Canadien français sur une plage, raconte Pierre Dyell, qui les reçoit au Motel Granby à Hollywood, c'est par leur maillot de bain : les hommes ont tous une petite chemise assortie en ratine et des chapeaux bizarres et les femmes des « une-pièce ». Après trois ou quatre jours, les femmes vont porter un bikini acheté ici [...] C'est pour l'œil. À l'oreille, on n'a rien qu'à écouter les « ciboire », les « calice » et les « tabarnaque » [...] Ils sacrent tout le temps sur la plage. Ensuite, il y a les « farmers »! Ils regardent la mer et la femme dit à son mari : « Viens! On va aller se baigner dans le fleuve! » D'autres fois, ils demandent si on peut voir la France quand il fait beau! (*L'Actualité*, décembre 1976, p. 29).

Les pratiques des touristes québécois aux États-Unis ont aussi intéressé des journalistes anglophones des États-Unis et du Canada. Un des articles qui a le plus fait de vagues est sans contredit celui du magazine *XS* de Fort Lauderdale, lequel s'est attaqué à deux reprises (en 1992 et 1993) aux Québécois en visite dans cette région. Plusieurs journaux

---

[12] Soulignons que la thèse de doctorat sur Floribec de laquelle est tiré cet ouvrage a suscité un grand intérêt auprès des médias écrits et télévisés de la Floride, du Canada anglais, du Québec et même de la France.

du Québec (dont *Le Devoir* et *La Tribune*), et même le *Tampa Tribune*, ont fait état des propos publiés dans ce magazine. Le journaliste de *XS* critiquait vertement la conduite des touristes québécois, leurs maillots de bains trop révélateurs et leurs crèmes solaires bon marché. Le *Sun Sentinel*, journal de Fort Lauderdale qui publie ce magazine, a formulé des excuses après que la mairesse de Hollywood et le rédacteur du journal *Le Soleil de la Floride*, entre autres, eurent fortement réagi aux propos publiés dans *XS*. Reste à savoir si le journaliste a dit tout haut ce que la population locale pense tout bas…

Même le *Globe and Mail* de Toronto a parlé de la communauté floribécoise, et des lieux qui lui sont associés. Ainsi, le 15 mars 1999, en première page de ce journal respecté, apparaissait en français le titre : « La Floride, c'est comme chez nous ». Le sous-titre affirmait : « *So many Québécois go down South they have made the Sunshine State their own. Vachon cakes on sale.* » Dans l'article, la journaliste Stephanie Nolen observait entre autres :

> *This is not one of Florida's most sophisticated spots. The Boardwalk is, in truth, an asphalt strip. Most people spend most of the day in their bathing suits (age is clearly no barrier to wearing a tiny Speedo). The air is thick with the smell of frying foods and every second shop sells T-shirts with raunchy slogans. A company called Transports Laberge has engaged three platinum-haired women on the far side of 60 to flog its car-ferrying service, and kitted them out in red hot pants, midriff tops and high heels. There is even an imported drag queen, Françoise from Gatineau, cheerily having her picture taken in a red sequined mini-dress.*

Old Orchard Beach se rapproche beaucoup de Floribec. Franco-Américains et Québécois y ont implanté des commerces pour satisfaire un tourisme québécois de masse ayant beaucoup en commun avec celui qui alimente Floribec. La citation qui suit illustre, d'une manière éclatante, certaines des similitudes entre Old Orchard Beach et Floribec :

> Le couple Dignard […] a opté pour le Motel Kébec. Ils se retrouvent une fois de plus entre gens du pays. C'est ce qui compte. D'ailleurs, le propriétaire de l'établissement est lui aussi un Québécois pure laine.

> Opticien d'ordonnances sur le boulevard Charest, Pierre Beaulieu prenait lui aussi chaque été la direction de Old Orchard avec sa famille de huit enfants. En 1967, il décide de bénéficier à son tour de cette manne estivale. Il se porte acquéreur d'un premier motel. L'aventure deviendra une affaire de famille. Une de ses filles est propriétaire du Motel Kébec2. Kébec1, qui appartenait à un de ses fils, a été vendu. Deux de ses filles, Chantale et Johanne, font, au cours de l'été, office de femmes de chambre (*Le Soleil*, 24 août 1988, p. A1-A2).

Cet extrait nous rappelle de façon éloquente les entreprises familiales de Hollywood que nous avons présentées dans cet ouvrage.

Old Orchard Beach a aussi suscité des réactions négatives dans la presse. Ainsi, dans un autre article du journal *Le Soleil*, on peut lire ces propos peu flatteurs :

> Il y a des odeurs de frites huileuses et de pizzas dégoulinantes qu'on consomme à la tonne. Des étalages tape-à-l'œil offrant mille et un souvenirs d'un goût parfois discutable. Des arcades gobe-sous dont raffolent jeunes et moins jeunes, tout aussi indifférents à un environnement abrutissant. Et Mme Gosselin résume bien, pendant que son mari tentait de se trouver un emplacement au camping Powder Horn, la motivation de ces milliers d'estivants québécois du coin : *Ole Orcher...* c'est notre Floride à nous! » (*Le Soleil*, 23 juillet, 1988, p. A1).

Bref, il est clair que Floribec et Old Orchard Beach ne laissent pas indifférent. Mais qu'ils les aiment ou pas, les journalistes québécois, canadiens-anglais et américains réalisent qu'il ne s'agit pas que de simples destinations touristiques, et que le phénomène est loin d'être passager. Ils se rendent compte que les touristes québécois, du moins une classe particulière de ces derniers, se sont approprié des espaces pour en faire des extensions territoriales de leur lieu d'origine. De cette manière, ils évitent d'intégrer entièrement la culture américaine. À Floribec, émigrants et touristes canadiens-français ont mis sur pied une communauté à 3 000 km de chez eux dans le but de savourer, dans leur langue et leur culture, l'hiver subtropical floridien. Selon nous, il s'agit d'une réussite formidable.

Carte 7
L'espace de la communauté floribécoise

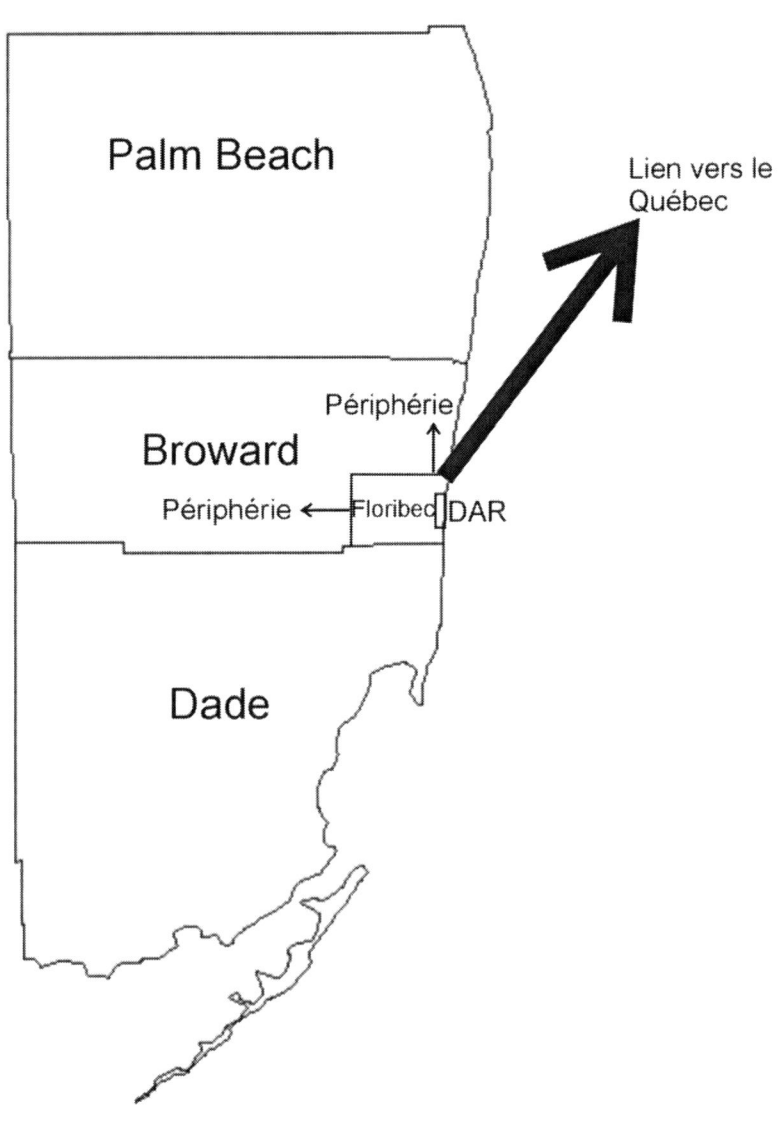

LES ESPACES DE FLORIBEC

Notre analyse de Floribec et de son organisation sociospatiale, telle que présentée dans les cartes et schémas des chapitres précédents, montre un espace floribécois plus vaste que celui que les Floribécois nous ont dévoilé. Cette différence dans l'interprétation de l'espace de Floribec a attiré notre attention.

En effet, notre analyse a dévoilé un espace floribécois qui compte : 1) un DAR le long de la plage de Hollywood, 2) un centre ayant comme frontière les boulevards Dania et Hollywood, la plage et l'autoroute fédérale, de même que 3) une large périphérie aux limites floues qui s'étend jusqu'à l'extérieur du comté de Broward.

Ainsi, à nos yeux, Floribec, tel qu'il était en 1990, apparaît comme une communauté organisée autour de deux zones centrales emboîtées, aux frontières assez précises, mais entourées d'une périphérie beaucoup plus difficile à delimiter. Le DAR, le long de la plage, est le cœur socioéconomique et ethnoculturel de la communauté. C'est cet espace qui symbolise le mieux le style de vie floribécois. Le DAR fait partie d'un centre plus large, zone de concentration de services floribécois et d'une large population d'émigrants canadiens-français. Marqué par la présence touristique québécoise et les nombreux commerces floribécois, le centre n'« appartient » cependant pas aux émigrants et aux touristes canadiens-français au même titre que le DAR. La moins forte densité des géosymboles floribécois en témoigne. Quant à la présence floribécoise dans la périphérie, elle est largement diluée dans le paysage et la culture américaine et on peut se questionner sur l'attachement de ses résidants à la communauté floribécoise. De fait, cette périphérie s'étend, en quelque sorte, jusqu'au Québec, avec lequel la communauté entretient d'étroites relations institutionnelles. Cela témoigne, une fois de plus, qu'il est presque impossible de tracer avec exactitude les limites territoriales de Floribec.

Pour les Floribécois, la communauté occupe un espace qui correspond à la seule zone centrale de Floribec (ouest de Hollywood, de Dania et de Hallandale). Lorsqu'on leur a demandé où se situe le Petit Québec, ils ont été presque unanimes à pointer le centre de Floribec, soit, bien sûr, le secteur le plus animé en bordure de la plage, mais aussi toute la zone centrale de Hollywood, de Dania et de Hallandale.

La carte 7 montre les caractéristiques de l'espace floribécois tel qu'il se présente en regard des différentes étapes de notre recherche. Elle se base sur les informations suivantes : 1) la localisation des annonceurs du journal *Le Soleil de la Floride,* source de notre échantillon de leaders institutionnels, 2) l'analyse sociospatiale et culturelle de Floribec (vue de l'extérieur), 3) la cartographie de l'origine de la clientèle des répondants, 4) la cartographie de la localisation de Floribec selon la perception des répondants.

En nous appuyant sur nos analyses sociospatiales de Floribec et sur les entrevues faites auprès de leaders institutionnels floribécois, nous pouvons déduire que l'espace présenté sur la carte 7 donne une bonne idée de l'espace dans lequel se déroule la vie quotidienne de la communauté floribécoise. La carte 7 montre que la communauté floribécoise, composée d'émigrants et de touristes du Québec, compte un centre, un DAR le long de la plage, lesquels sont contenus à l'intérieur d'un quadrilatère assez précis, mais aussi une vaste périphérie qui s'étend vers l'extérieur du centre, et qui entretient des liens économiques et sociaux étroits avec le Québec. Cette extension vers le Québec est fort intéressante puisqu'elle témoigne de la grande difficulté de délimiter territorialement une communauté, et de l'importance grandissante des communications à distance dans sa mise en place. La section suivante vise justement à approfondir notre observation sur la communauté et son espace.

ÉLÉMENTS D'ANALYSE SUR LA COMMUNAUTÉ DU POINT DE VUE DE LA GÉOGRAPHIE

Deux grands types de regroupements sociospatiaux communautaires ressortent des débats sociologiques : ceux en milieu rural et ceux en milieu urbain. Ce qui distingue ces deux regroupements repose sur leur isolement géographique; c'est-à-dire que, selon les sociologues spécialistes de ces questions, la communauté rurale est bien circonscrite dans l'espace et facilement identifiable, ce qui n'est pas le cas de celle en milieu urbain ou en banlieue qui, elle, avec d'autres communautés aux limites territoriales parfois floues, participent aux multiples visages socioculturels des grandes villes. Il s'agit bien entendu d'une généralisation trop simpliste des sociologues (Lewis, 1979; Simmons, 1981), car plus d'une communauté peut se trouver dans un village, et des communautés en milieu urbain ou en banlieue sont parfois très faciles à délimiter à l'intérieur d'une ville. Ceci illustre bien la diversité sociospatiale communautaire.

Le Canada, même s'il est fortement urbanisé, abonde en villages et en villes de petite taille. Dans l'Ouest en particulier, on trouve des communautés rurales qui montrent jusqu'à quel point ce genre de regroupement sociospatial prend plusieurs visages. Outre l'agriculture, d'autres facteurs ont incité des collectivités à se regrouper, parfois avec un haut niveau de ségrégation, et à mettre en place les institutions nécessaires pour donner vie à leur communauté. On pense entre autres à Gimli et à Steinbach au Manitoba, deux communautés dont les premiers habitants avaient quitté l'Europe au siècle dernier pour cause d'intolérance à l'égard de leur religion.

À part la religion, la langue a aussi fait émerger de petites communautés dans les Prairies canadiennes. Lac-la-Biche en Alberta et plusieurs autres villages au Manitoba se veulent des témoins de l'exode massif de Canadiens français du Québec ayant été attirés par les possibilités que l'Ouest devait offrir aux nouveaux arrivants. Pour la plupart associées à l'agriculture, ces communautés du monde rural ont ainsi plusieurs raisons d'être : la religion, la culture et la langue figurent parmi les facteurs d'une concentration spatiale collective non urbaine. Et si plusieurs langues, cultures ou religions se retrouvent dans une même communauté rurale, ce qui est fréquent même à la campagne, on assiste alors à la cohabitation de plusieurs petites communautés dans un même village, ou dans les petites villes. Elles occupent chacune un espace généralement bien circonscrit, leur permettant d'évoluer au sein d'un territoire bien identifié à leur culture particulière.

Si l'on distingue diverses communautés en milieu urbain, c'est, de façon générale, pour les mêmes motifs qu'en milieu rural. Mais d'autres facteurs incitent ceux qui vivent dans les grands centres à s'identifier à une communauté. De plus, l'espace de ces communautés en régions métropolitaines n'est pas toujours aussi facile à délimiter. Le nombre, la taille et la grande variété de communautés en milieu urbain sont ce qui les distinguent de celles de type rural. Car, alors que les villages ont plus tendance à être homogènes ou à être composés de petites communautés basées sur un éventail plus limité de facteurs identitaires (religion, travail, langue), les communautés en milieu urbain et en banlieue, souvent très variées et parfois très puissantes, illustrent toute la complexité sociale et ethnique des grandes villes.

À titre d'exemple, Montréal compte plusieurs groupes ethniques, appartenant à toutes les classes socioéconomiques, qui travaillent dans un grand nombre de secteurs de l'économie québécoise. Cela fait en sorte qu'il y a une multiplicité de communautés dans la métropole québécoise. Et contrairement aux villages, les centres urbains sont plus susceptibles d'accueillir en leur sein des collectivités sociospatiales ayant des identités communautaires typiques des villes telles que les communautés gaies et lesbiennes, les yuppies, etc.

D'une part, il y a la grand région de Miami, dont la taille équivaut à celle de Montréal et qui compte des milliers de Canadiens français, intrigue touristes et autres étrangers par sa diversité ethnique, son cachet hispanique, sa dimension hollywoodienne et ses attraits touristiques, lesquels ont favorisé l'émergence de diverses communautés au tissu social dense mais aux frontières floues. Le Petit Haïti, le Petit La Havane sont parmi les communautés ethniques les mieux enracinées sur les plans institutionnel et économique dans la région de Miami.

D'autre part, il y a South Beach, une communauté artistique dont les résidents et l'économie reposent sur le monde de la haute couture, de la mode et du cinéma. Des gens de plusieurs origines ethniques (Américains, Italiens, Français) se partagent cet espace dont les réseaux mènent vers des lieux associés à ces secteurs d'activités (et à ce style de vie), de même qu'à la culture gaie. Mais South Beach n'existe pas officiellement. Ce n'est pas une municipalité, et aucune enseigne n'indique « *Welcome to South Beach* » ou « *South Beach. Population : 10 000* ». South Beach existe néanmoins pour ceux qui y vivent. Et plusieurs des lieux structurants de South Beach jouent un rôle central dans la définition de cet espace.

Plus au nord, se trouve Floribec. Comme dans le cas des autres communautés mentionnées ci-dessus, un automobiliste qui circulerait sur la route *Ocean* en se dirigeant vers la banlieue verrait apparaître soudainement près de Sunny Isles quelques enseignes bilingues. Aucune mention de « Little Québec », « Petit Québec », « Floribec » ou tout autre nom, ne permet d'associer ces lieux à la communauté canadienne-française qui les anime. En approchant de Hollywood Beach, il verrait le nombre de voitures aux plaques du Québec se multiplier, tout comme les commerces avec affiches en français et les touristes de langue française. En s'éloignant du centre et de la rue Johnson, les indices diminueraient. L'automobiliste aurait traversé

Floribec, la communauté canadienne-française en banlieue de Miami, un espace de vie que les résidants et touristes canadiens-français ont marqué par leurs commerces, leurs institutions, leurs lieux structurants et leur style de vie. Floribec est une communauté ethnotouristique, pas complètement urbaine puisqu'elle est en banlieue de Miami, et qui entretient des liens très étroits avec son pays d'origine.

Ici comme ailleurs, la ville possède plusieurs communautés dont l'espace n'est identifiable que par les paysages. Ces communautés n'existent pas officiellement : ce sont ceux qui s'y identifient qui leur ont donné vie, et c'est à ces derniers qu'elles appartiennent mentalement et socioculturellement. Ajoutons toutefois que certaines communautés ne sont identifiables que par leurs lieux structurants puisque le paysage ne contient aucune trace géosymbolique de leur présence.

Continuons notre analyse sociogéographique sur la communauté, mais en portant cette fois-ci notre attention sur le rôle qu'y joue l'espace.

Le rôle de l'espace dans la communauté

Les liens qu'entretiennent les communautés avec les espaces qu'elles occupent sont fort complexes. L'étude du Floribec des années 1990 l'a démontré. Nous avons trouvé à Floribec une communauté qui prend forme à travers la fréquentation de nombreux commerces et autres lieux structurants de la vie communautaire, qui forment l'assise spatiale de la communauté. Ces lieux, dont plusieurs font office d'institutions, jouent un rôle primordial comme foyers de vie collective. La plupart de ces lieux sont concentrés dans le Petit Québec, un périmètre relativement restreint, qu'on a associé au « centre » de Floribec. Mais l'espace de la communauté déborde ce centre.

Ce que le cas de la communauté floribécoise nous enseigne, c'est que si elle s'organise autour d'un périmètre bien circonscrit, son espace est en même temps beaucoup plus large. Il s'étend sur une aire possiblement très vaste, à l'échelle de laquelle on peut observer des pratiques communautaires. Les limites de cette aire sont difficiles à tracer. De fait, la « frontière » de la communauté est graduelle puisqu'elle repose sur les pratiques de milliers d'individus, qui varient fortement de l'un à l'autre. Chacun, selon ses besoins, fréquente à des degrés divers les lieux qu'on associe à la communauté.

Les communautés ethniques des grands centres entretiennent souvent des liens étroits avec leur pays d'origine. Et les moyens de transport modernes, tout comme les nouvelles technologies de l'information à distance, facilitent de plus en plus ces rapports entre régions ou pays éloignés. Floribec bénéficie d'infrastructures qui illustrent particulièrement bien cette nouvelle réalité géographique. Les Floribécois et les touristes canadiens-français qui viennent à Floribec sont en contact constant avec le Canada français, et le Québec surtout, grâce aux médias écrits et télévisés. On l'a vu, les Floribécois, même s'ils lisent peu les journaux du Québec, regardent régulièrement les émissions d'information télévisées telles que les nouvelles et autres programmes du genre à l'horaire le matin.

Les télécommunications, entre autres, jouent un rôle de premier plan sur l'identité floribécoise. Si Floribec se trouve très éloigné du Québec, les communications à distance adoucissent les conséquences de cet éloignement puisqu'elles connectent l'espace floribécois avec celui du Canada français. Les communications à distances tendent également à rapprocher mentalement les deux espaces en question puisqu'elles apaisent le sentiment de dépaysement (linguistique surtout, mais aussi culturel) que certains ressentent au moment d'émigrer. Les touristes apprécient aussi grandement ce rapprochement spatiocommunicationnel, et ce, d'autant plus qu'ils y contribuent eux-mêmes en jouant un rôle de relais entre le foyer québécois et la communauté floribécoise. Floribec serait-il aussi populaire si la communauté ne s'était pas dotée de tels liens avec le Québec? Il est important de s'interroger sur ce point.

Bref, c'est non seulement le rapprochement socioculturel, mais aussi les dimensions géographique, mentale et « télécommunicationnelle » qui font que la communauté floribécoise incorpore le Québec lui-même dans son espace par institutions et de lieux structurants. Avec les communications à distance qui proviennent du Québec, pourtant situé à 3 000 km au nord, et le tourisme, l'espace québécois tout entier fait partie de Floribec. Cette constatation donne plus de poids à notre argumentation sur la difficulté de définir l'espace d'une communauté à l'aide de frontières précises.

* * *

L'élément central qui ressort de ce chapitre est que, contrairement aux villes ou aux États, qui, eux, disposent de frontières politiques, la communauté n'en a pas qui soient précises. En effet, l'espace de la communauté se forme essentiellement autour de points d'ancrages sociospatiaux, à partir desquels se construit la vie communautaire. La communauté a certes un territoire, mais ce n'est pas celui qu'on lui prête le plus souvent, c'est-à-dire un territoire bien délimité à l'intérieur de frontières.

En outre, contrairement aux autres espaces politiques, la communauté ne prend naissance que parce que des individus se concentrent autour de lieux qui font office d'institutions, et parce qu'ils s'y identifient. La communauté n'existe pas hors de ses membres et de leurs interactions au sein d'un espace social, auquel ils sont attachés parce qu'il leur permet d'entrer en communion. Cet espace est à la base même du fonctionnement de la communauté. Les marqueurs qu'elle imprime dans le paysage en sont souvent la preuve.

Bref, parce qu'elle est le fruit d'une manifestation sociospatiale collective hautement subjective, la communauté existe d'abord dans l'esprit de ceux qui l'animent. Une communauté ne se construit pas soudainement. Elle prend forme, graduellement, dans le temps et dans l'espace, à la suite de multiples rassemblements d'individus. Ces rassemblements s'organiseront à la faveur de lieux structurants, dans un espace parfois très étendu. C'est lorsque les individus réalisent qu'ils partagent des traits identitaires communs, et qu'ils entretiennent des rapports sociospatiaux très étroits, qu'il y a communauté.

CONCLUSION

Dans cette conclusion, nous reviendrons d'abord sur les objectifs fixés en introduction. Ensuite, nous croyons essentiel d'offrir des pistes de recherche à ceux et à celles qui désireraient poursuivre l'analyse de Floribec.

RETOUR SUR LES OBJECTIFS

Lieux structurants

Si nous considérons que les lieux de rencontre et les espaces sont fondamentaux dans la formation d'une communauté, il s'avère d'abord essentiel de repérer les principaux lieux autour desquels se structurent les pratiques quotidiennes à Floribec. Quels sont les lieux où se rencontrent les membres de la communauté? Comment Floribec est-elle organisée sur le plan sociospatial?

Comme nous l'avons vu dans notre étude de cas, l'organisation spatiale d'une communauté repose d'abord sur ses lieux structurants. On a remarqué que la communauté ethnotouristique de Floribec se forme autour d'un DAR (le long de la plage) regroupant ses plus importants lieux structurants, et d'un centre, qui se confond avec le Petit Québec de nos interlocuteurs, ayant une importante population floribécoise et des services moins orientés vers le tourisme. Au-delà de ce centre, on trouve une périphérie où la population floribécoise, de même que les quelques points d'ancrages de la vie quotidienne, se diluent dans la culture anglo-saxonne. La périphérie se caractérise également par le fait qu'elle est animée par des Floribécois ne ressentant pas d'attachement véritable pour la culture floribécoise, même s'ils entretiennent des rapports économiques étroits avec le centre de la communauté. C'est pourquoi, comme les Floribécois eux-mêmes l'ont mentionné, le centre correspond assez bien à l'étendue perçue de l'espace communautaire floribécois. Bref, la communauté dispose d'une organisation sociospatiale qui reflète la densité de son occupation, les lieux structurants qui la supportent et l'attachement des membres envers leur espace de vie. Les schémas et les cartes ont bien illustré l'organisation spatiale de la communauté floribécoise, et notre méthode a démontré qu'il était possible de répondre à un tel objectif.

Espace d'appartenance
Une fois les bases spatiales dévoilées, est-il possible de définir leur rôle sur les identités et les appartenances? Quel est l'espace que les Floribécois associent à la communauté? S'agit-il d'un espace continu, bien délimité, ou prend-il une forme plus éclatée, au gré des multiples réseaux auxquels participent les membres de la communauté? Jusqu'à quel point les espaces de vie et d'appartenance se superposent-ils?

L'enquête menée auprès des commerçants a permis d'illustrer jusqu'à quel point les institutions et les lieux structurants floribécois jouent un rôle central dans l'appartenance à Floribec. Les nombreux propos des répondants relatés au chapitre 3 en témoignent largement. À chaque fois qu'ils voulaient nous parler de la communauté, c'est à des lieux précis qu'ils se référaient, comme la Caisse populaire Desjardins de Hallandale, la plage, le *Boardwalk,* etc. Cela montre jusqu'à quel point ces lieux participent à leur identité floribécoise. On se rappellera le consensus de la quasi-totalité des répondants sur le territoire du Petit Québec.

Liens culturels
La communauté de Floribec, bâtie surtout autour de la langue, entretient des liens étroits avec le Québec. Le tourisme québécois joue un rôle déterminant dans le maintien de la vie communautaire floribécoise, et les télécommunications ne peuvent dorénavant être ignorées. On en vient ainsi à se demander si les télécommunications qui relient Floribec au Québec ne constituent pas une institution fondamentale à la survie de Floribec.

Il ne fait aucun doute que les télécommunications font office d'institution de premier plan à Floribec. Certes, la télévision est avant tout un service destiné aux touristes canadiens-français, et les commerçants floribécois sont conscients que ce type de service est vital pour attirer la clientèle visée. Mais également tous les Floribécois en tirent profit puisqu'elle est vitale pour eux. Nos répondants l'ont dit : ils regardent assidûment les nouvelles télévisées, les émissions d'information et les émissions d'humour, et ce, parce qu'ils veulent garder un contact hebdomadaire, voire quotidien avec le Québec. Il est clair que les télécommunications créent un lien instantané et significatif sur le plan culturel entre le foyer d'origine et celui nouvellement adopté. Il s'agit en quelque sorte d'institutions, une nouvelle réalité des communautés du XXIe siècle.

LE DÉCLIN DE FLORIBEC

Ce que l'on connaît de Floribec en ce début de XXIe siècle nous porte à croire que cette communauté était temporaire, comme le sont souvent les stations balnéaires. Non seulement dépend-elle d'un seul secteur d'activité économique (le tourisme québécois), mais celui-ci est menacé par la concurrence d'autres destinations et la fermeture, voire même la démolition de certains lieux de rencontre populaires (tout le côté sud de la rue Johnson, incluant le Frenchie's Café, a été démoli). Que reste-t-il à découvrir sur Floribec? Beaucoup de choses, et ce, même si son avenir ressemblera probablement à celui des autres communautés canadiennes-françaises des États-Unis, vouées, pour la grande majorité, à la disparition. Mais il faudra faire vite, car avant la fin de cette décennie, le « *Broadwalk* » et le DAR floribécois n'y seront plus (Tremblay, 2003).

Nous suggérerons maintenant des pistes de recherche au sujet de Floribec. Évidemment, la liste pourrait s'allonger bien davantage, mais nous considérons les pistes proposées ci-dessous comme les plus stimulantes.

Un des éléments qui ressort de notre recherche est le peu de contacts que les Floribécois entretiennent avec les gens n'appartenant pas à leur communauté. Nous n'avons pas abordé cette question directement dans notre recherche, mais nous l'avons constaté néanmoins en traitant de la clientèle des commerçants, de leurs réseaux sociaux, des lieux qu'ils fréquentent, etc. En fait, de toute évidence, Floribec est fortement ségréguée. Les rapports avec les Américains sont minimes, et il nous est apparu que les Floribécois ressentent un certain inconfort envers les minorités visibles, même francophones (Tremblay, 1995). On pourrait dire que Floribec est ouvert sur le Québec mais fermé sur son voisinage immédiat. En s'inspirant des travaux sociologiques et sociogéographiques de Kalbach (1990) et de Peach (1984; 1996), il serait intéressant de faire la lumière sur l'isolement de Floribec et d'en explorer les principaux facteurs.

Un autre aspect qui pourrait être abordé en profondeur est la perception américaine locale de Floribec et des touristes canadiens-français. Comme nous l'avons indiqué, des articles peu flatteurs ont été publiés à l'égard des « *snowbirds* » canadiens-français. On pointait du doigt leur apparence physique et leur façon de conduire leur voiture, entre autres reproches. Des études faites par les spécialistes du tourisme (Smith, 1989), où le modèle appelé *host-guest relationships* est appliqué, permettent justement de mieux comprendre l'impact social des touristes dans un milieu donné. Cela serait utile à l'étude d'un tel sujet de recherche qui, selon nous, renseignerait non seulement sur l'impact social de la communauté floribécoise à Hollywood, mais également sur le comportement des touristes canadiens-français de la classe populaire en voyage à l'extérieur du Québec. L'image, parfois fort négative, qu'ils semblent projeter est-elle vraiment justifiée? Et pour Floribec en particulier, outre les aspects indiqués plus haut, comment la collectivité est-elle perçue par les Américains?

Enfin, il serait intriguant de voir s'il n'y a pas un pattern dans l'évolution des communautés ethnotouristiques canadiennes-françaises et même d'autres communautés ethnotouristiques, comme les Britanniques sur la Costa Del Sol en Espagne (O'Reilley, 2000; O'Reilley et Tremblay, 2004). Old Orchard dans le Maine a connu ses heures de gloire au début du siècle, alors qu'aujourd'hui, peu de Québécois se vantent d'y aller, même au sein de la classe populaire. Et un phénomène analogue se produit à Floribec. En effet, alors que Hollywood Beach et les villes limitrophes attiraient des Canadiens français de toutes les classes dans les années 1970, ce ne sont essentiellement que ceux de la classe populaire qui s'y rendent aujourd'hui. Alors, serait-il possible de croire qu'une nouvelle communauté de ce genre prend forme ailleurs aux États-Unis? Si oui, où et pourquoi? Étant donné que certaines destinations touristiques comme la République dominicaine attirent de plus en plus de Canadiens français, pourrait-on voir un jour un nouvel îlot francophone hors Québec s'y construire? Et s'agit-il d'un pattern inscrit dans la culture québécoise?

* * *

Floribec constitue un pan d'histoire du Québec et de l'Amérique française des plus fascinants. Même si l'étalement urbain de Miami et l'apparition de nouvelles destinations touristiques abordables feront probablement disparaître Floribec, celle-ci permettra aux chercheurs de mieux nous éclairer sur le désir profond de milliers de Québécois de prendre possession culturellement et linguistiquement de stations balnéaires étrangères. Nous espérons que les chercheurs s'inspireront de nos travaux afin de faire avancer nos connaissances sur ce phénomène.

ANNEXE

TABLEAU-SYNTHÈSE DES RÉSULTATS DE L'ENQUÊTE
NOMBRE DE RÉPONDANTS : 25

Partie A : Renseignements généraux

Âge	15-24	0
	25-34	7
	35-44	7
	45-54	9
	55 et +	2
Sexe	Homme	19
	Couple (tous les motels)	6
Citoyenneté	Canadienne	11
	Canadienne et américaine (double)	14
Nombre d'années passées à Floribec	Moins de 4 ans	9
	5 à 7 ans	0
	8 à 15 ans	8
	16 à 27 ans	8

Partie B : Le commerce

Type de commerce	Agence d'assurance voyages	1
	Agence d'assurances	2
	Banque	2
	Bureau de courtage en valeurs immobilières	2
	Cabinet d'avocats	2
	Dépanneur	2
	Garage	2
	Maison d'édition	1
	Motel	6
	Restaurant	2
	Salon de coiffure	3
	Usine de rembourrage	1
Acquisition du commerce	Acheter d'un Américain	5
	Acheter d'un Canadien français	6
	Fondé	11
	Ne s'applique pas	3
Choix de localisation du commerce	Proximité des touristes et résidants d'origine canadienne-française	18
	Autres raisons	7
Financement du commerce	Ressources personnelles	15
	Prêt d'une banque canadienne	3
	Prêt d'une banque américaine	2
	Prêt de la famille	2
	Ne s'applique pas	3
Type de clientèle	Commerçants du centre	70 % canadienne-française
	Commerçants de la périphérie	Moins de 50 % canadienne-française
Publicité	*Le Soleil de la Floride*	25
	Cartes professionnelles	20
Changements dans la clientèle d'origine canadienne-française	Sur le plan socioéconomique	5 (3 en périphérie)
	Sur le plan saisonnier	Tout ceux du centre
Commerçants ayant des employés	Oui	15
	Non	10
	Origine canadienne-française	15
	Américains	4
L'avenir du commerce	Le garder	20
	Le vendre	3
	Le déménager	1
	Indécis	1

Partie C : Le commerçant et la communauté floribécoise

Lieu de résidence	Centre	20
	Périphérie	5
Nombre d'amis canadiens-français	Centre	Une cinquantaine
	Périphérie	Une dizaine
Visites au Québec	2 à 5 fois par an	8
	Une fois par an	12
	Rarement	5
Visiteurs du Québec	2 à 5 fois par an	10
	Une fois par an	13
	Ne reçoit personne	2
Lecture des journaux québécois	Quotidiennement	3
	Quelques fois par semaine	6
	Jamais	16
Télévision québécoise	Quotidiennement	23
	Jamais	2
Activités communautaires	Ont observé une croissance	20 (centre)
	Peu au courant	5 (périphérie)
Identification au Petit Québec	Beaucoup	20
	Assez	0
	Un peu	0
	Très peu	0
	Aucunement	5
Possibilité de retourner au Québec	Non	15
	Incertain	10
Identité	Canadien	0
	Américain	0
	Les deux	25
Lieu d'inhumation	Floride	11
	Incertain	14

BIBLIOGRAPHIE

Annuaire de la Floride 1994-1995, Hollywood, Floréditions, 1994, 99 p.
BAILLY, Antoine S. *La géographie du bien-être*, Paris, Presses universitaires de France, 1981, 339 p.
BAILLY, Antoine S., dir. *Les concepts de la géographie humaine*, Paris, Masson, coll. « Géographie », 1984, 201 p.
BAILLY, Antoine S., *et al.* « Canada », dans Roger Brunet, dir., *Géographie universelle. États-Unis, Canada,* Paris, Hachette/Reclus, 1992, 479 p.
BAILLY, Antoine S., et Renato SCARIATI. « L'humanisme en géographie », dans Antoine Bailly, dir., *et al., Les concepts de la géographie humaine,* 4ᵉ édition, Paris, Armand Colin, 1998, p. 213-222.
BAXTER, Jamie, et John EYLES. « Evaluating Qualitative Research in Social Geography: Establishing "Rigour" in Interview Analysis », *Transactions of the Institute of British Geographers,* vol. 22, nᵒ 4 (1997), p. 505-525.
BERNARD, Roger. *De Québécois à Ontarois. La communauté franco-ontarienne,* Hearst, Le Nordir, 1988.
BERNARD, Roger. « Le rôle social des institution », *Revue du Nouvel-Ontario,* vol. 8 (1986), p. 41-48.
BERRY, Brian J.L. *Theories of Urban Location*, Washington (D.C.), Association of American Geographers, 1968, 25 p.
BERRY, Brian J.L., et D. F. MARBLE, dir. *Spatial Analysis: A Reader in Statistical Geography,* Englewood Cliffs (N.J.), Prentice-Hall, 1968.
Birnbaum's 1996 Miami & Ft. Lauderdale, New York, Harper Perennial, 1996, 179 p.
BONNEMAISON, Joël. « Voyage autour du territoire », *L'Espace géographique,* vol. 4, 1981, p. 249-262.
BOSWELL, Thomas D., dir. *South Florida: The Winds of Change*, Miami, 1991, 194 p. Document preparé pour la conférence annuelle de l'Association of American Geographers.
BOSWELL, Thomas D., et James R. CURTIS. « The Hispanization of Metropolitain Miami », dans Thomas D. Boswell, dir., *South Florida: The Winds of Change*, Miami, 1991, p. 140-162. Document preparé pour la conférence annuelle de l'Association of American Geographers.

BRETON, Raymond. « Institutional Completeness of Ethnic Communities and the Personal Relations of Immigrants », *American Journal of Sociology*, vol. 70 (1964), p. 193-205.

BUCUVALAS, Tina, et al. *South Florida Folklore*, Jackson, University of Mississippi Press, coll. « Folklife in the South Series », 1994, 254 p.

BUREAU OF THE CENSUS. *1990 US Census of Population and Housing. Miami-Fort Lauderdale, FL CMSA, 1990, CPH-3-335, West Palm Beach-Boca Raton-Delray Beach, FL*, Washington (D.C.), US Department of Commerce, 1993.

BUREAU OF THE CENSUS. *1990 US Census of Population and Housing. Miami-Fort Lauderdale, FL CMSA, 1990, CPH-3-229A, Part: Fort-Lauderdale-Hollywood-Pompano Beach, FL*, Washington (D.C.), US Department of Commerce, 1993.

BUREAU OF THE CENSUS. *1990 US Census of Population and Housing. Miami-Fort Lauderdale, FL CMSA, 1990 CPH-3-229B, Part: Miami-Hialeah, FL*, Washington (D.C.), US Department of Commerce, 1993.

BUTTIMER, Anne. « Social Geography », dans D.L. Sills, dir., *International Encyclopaedia of the Social Sciences*, vol. 6, New York, Macmillan, 1968, p. 134-145.

BUTTIMER, Anne. « Social Space in Interdisciplinary Perspective », *The Geographical Review*, vol. 59, 1969, p. 417-426.

BUTTIMER, Anne. « Social Space and the Planning of Residential Areas », *Environment and Behaviour*, vol. 4, n° 3 (1972), p. 279-318.

BUTTIMER, Anne. « Grasping the Dynamism of Lifeworld », *Annals, Association of American Geographers*, vol. 66 (1976), p. 277-292.

BUTTIMER, Anne. « Le temps, l'espace et le monde vécu », *L'Espace géographique*, vol. 4 (1979), p. 243-254.

CARTANO, David G. « The Drug Industry in South Florida », dans Thomas D. Boswell, dir., *South Florida: The Winds of Change*, Miami, 1991, p. 105-111. Document préparé pour la conférence annuelle de l'Association of American Geographers.

CATER, John, et Trevor JONES. *Social Geography: An Introduction to Contemporary Issues*, Londres et New York, Edward Arnold, 1989, 260 p.

CLAVAL, Paul. *Principes de géographie sociale*, Paris, M.-Génin, Librairies techniques, coll. « Géographie économique et sociale », 1973, 351 p.

CLAVAL, Paul. *Géographie humaine et économique contemporaine*, Paris, Presses universitaires de France, coll. « Fondamental », 1984, 442 p.

CLUZEAU, Patrick. *Le Québec touristique de 1980 à 1990*, Québec, Publications du Québec, 1991, 552 p.

COUTURE, Suzette, et Pierre SARRAZIN. *La Florida*, Montréal et Toronto, Productions Pierre Sarrazin et Les Films 4, 1993. Vidéo, 1 h 55.

DI LEONARDO, Michaela. *The Varieties of Ethnic Experiences: Kinship, Class, and Gender among California Italian-Americans*, Ithaca (N.Y.), Cornell University Press, 1984, 262 p.

DI MÉO, Guy. *Géographie sociale et territoire*, Paris, Nathan, 1998.

DI MÉO, Guy. « L'explication sociale en géographie », dans Pierre-Jean Thumerelle, dir., *Explications en géographie*, Paris, SEDES, 2001.

DUPONT, Louis, Anne GILBERT et Dean LOUDER. *Les Floribécois dans le contexte de la Floride du Sud*, Sainte-Foy, Département de géographie, Université Laval, 1994, 15 p.

DUPONT, Louis. « Le déplacement et l'implantation de Québécois en Floride », *Vie française*, vol. 36, n° 10, 11 et 12 (1982), p. 23-33.

EYLES, John. « Introduction », dans John Eyles, dir., *Social Geography in International Perspective*, London, Croom Helm, 1986, p. 1-12.

EYLES, John, et Eugenio PERRI. « Life History as Method: An Italian-Canadian Family in an Industrial City », *The Canadian Geographer*, vol. 37, n° 2 (1993), p. 104-119.

FARMER, Diane. *Artisans de la modernité : Les centres culturels en Ontario français*, Ottawa, Presses de l'Université d'Ottawa, 1996, 239 p.

FERRAS, Robert. *Les modèles graphiques en géographie*, Paris et Montpellier, Economica/Reclus, coll. « geo-poche », 1993, 112 p.

FRÉMONT, Armand. *La région, espace vécu*. Paris, Presses universitaires de France, 1976, 223 p.

FRÉMONT, Armand. *L'espace vécu et la notion de région*, Reims, Institut de géographie de l'Université de Reims, vol. 41-42, 1980, p. 47-58.

FRÉMONT, Armand, *et al. Géographie sociale*, Paris, Masson, 1984, 387 p.

GAFFIELD, Chad. *Aux origines de l'identité franco-ontarienne : éducation, culture, économie*, Ottawa, Presses de l'Université d'Ottawa, 1993, 284 p.

GEORGE, Pierre. *Sociologie et géographie*, Paris, Presses universitaires de France, 1966, 204 p.

GILBERT, Anne. *Espaces franco-ontariens*, Hearst, Le Nordir, 1999, 198 p.

GUILLON, Michelle, et Robert NOIN. « Foreigners in the Paris Agglomeration », dans Curtis C. Roseman, Hans Laux Dieter et Günter Thieme, dir., *EthniCity: Geographic Perspectives on Ethnic Change in Modern Cities*, Lanham (MD), Rowman et Littlefield, 1996, p. 77-96.

HAGERSTRAND, T. « Survival and Arena: On the Life-History of Individuals in Relation to their Geographical Environment », dans T. Carlstein, D. Parkes et N. Thrift, dir., *Timing Space and Spacing Time*, London, Edward Arnold, 1978, p. 122-145.

HALTER, Marilyn. « Staying "Close to Haitian Culture": Ethnic Enterprise in the Immigrant Community », dans Marilyn Halter, dir., *New Migrants in the Marketplace*, Amherst, University of Massachusetts Press, 1995, p. 161-175.

HÉRIN, Robert. « Géographie humaine, géographie sociale, sciences sociales : la dialectique du social et du spatial », dans Collectif, *Actes du colloque de géographie sociale*, Lyon, 1982, p. 16-26.

HOERNER, Jean Michel. *Géographie de l'industrie touristique*, Paris, Ellipses, 1997, 255 p.

JACKSON, Peter. « Social Geography », dans R.J. Johnston, D. Gregory et D.M. Smith, dir., *Dictionary of Human Geography*, 3ᵉ édition, Oxford, Blackwell, 1993, p. 562-563.

JANISKEE, Robert L., Lisel S. MITCHELL et Jack H. MAGUIRE. « Myrtle Beach: Crowded Mecca by the Sea », dans D. Gordon Bennett, dir., *Snapshots of the Carolinas: Landscapes and Cultures*, Washington (D.C), Association of American Geographers, 1996, p. 217-220.

JOHNSTON, R.J. « Theory and Methodology in Social Geography », dans Michael Pacione, dir., *Social Geography: Progress and Prospect*, London, Croom Helm, 1987, p. 1-30.

JOHNSTON, R. J., et al. *The Dictionary of Human Geography*, 3ᵉ édition, Oxford, Blackwell, 1993, 724 p.

KALBACH, W. E. « Ethnic Residential Segregation and its Significance for the Individual in an Urban Setting », dans R. Breton, dir., *et al.*, *Ethnic Identity and Equality*, Toronto, University of Toronto Press, 1990, p. 92-134.

L'Actualité, décembre 1976, p. 27-34.

La Tribune, 22 janvier 1993, p. B1.

Le Devoir, 16 janvier 1992, p. B5.

Le Francophone international, 8 décembre 1999, p. 5.

Le Soleil, 23 juillet 1988, p. A1.

Le Soleil, 24 juillet 1988, p. A1-A2.

LEWIS, G.J. *Rural Communities*, London, David & Charles, 1979, 255 p.

LEY, David. *The Black Inner City as Frontier Outpost*, Washington (D.C.), Commission on College Geography, Association of American Geographers, 1974. 282 p. Resource Paper No. 7.

LEY, David. « Social Geography and the Taken-For-Granted World », *Transactions of the Institute of British Geographers*, vol. 2 (1977), p. 498-512.

LOUDER, Dean, dir. *Le Québec et les francophones de la Nouvelle-Angleterre*, Sainte-Foy, Presses de l'Université Laval, 1991, 309 p.

LOUDER, Dean, Cécyle TRÉPANIER et Éric WADDELL. « La francophonie nord-américaine : mise en place et processus de diffusion géohistorique », dans Claude Poirier, dir., *Langue, Espace, Société : les variétés du français en Amérique du Nord*, Sainte-Foy, Presses de l'Université Laval, coll. « CEFAN », 1994, p. 185-202.

LOWENTHAL, D. « Geography, Experience, and Imagination: Towards a Geographical Epistemology », *Annals, Association of American Geographers*, vol. 51 (1961), p. 241-260.

MARSHALL, Catherine, et Gretchen B. ROSSMAN. *Designing Qualitative Research*, 2e édition, Thousand Oaks (CA), Sage, 1995, 178 p.

MOHL, Raymond. A. « An Ethnic "Boiling Pot": Cubans and Haitians in Miami », *Journal of Ethnic Studies*, vol. 13, n° 2 (1986), p. 51-74.

MOORE, Deborah Dash. *To The Golden Cities: Pursuing The American Jewish Dream in Miami and L.A.*, Cambridge (MA), Harvard University Press, 1994, 358 p.

MORISSONNEAU, Christian. *La terre promise, le mythe du Nord québécois*, Montréal, HMH, Hurtubise, 1978.

MORISSONNEAU, Christian. « Le peuple dit ingouvernable du pays sans bornes : mobilité et identité québécoise », dans Dean Louder et Éric Waddell, dir., *Du continent perdu à l'archipel retrouvé : le Québec et l'Amérique française*, Sainte-Foy, Presses de l'Université Laval, 1983, p. 11-24.

MORSE, Janice M. « Designing Funded Qualitative Research », dans Norman K. Denzin et Yvonna S. Lincoln, dir., *Handbook of Qualitative Resarch*, Thousand Oaks (CA), Sage, 1994, p. 220-235.

MUIR, Helen. *Miami, U.S.A.*, Gainesville, University Press of Florida, 2000, 327 p.

O'REILLEY, Karen. *British on the Costa Del Sol*, London, Routledge, 2000, 289 p.

O'REILLEY, Karen, et Rémy TREMBLAY. « Tourism-Based Ethnic Communities », *Tourism Review*, à paraître.

PEACH, C. « The Force of West Indian Island Identity in Britain », dans C. Clarke *et al.*, dir., *Geography and Ethnic Pluralism*, London, Allen & Unwin, 1984, p. 214-230.

PEACH, C. « Does Britain Have Ghettos? », *Transactions of the Institute of British Geographers*, vol. 21, n° 1 (1996), p. 216-235.

PHIPPS, Michel, André LANGLOIS et Wei JIANG. « Les marqueurs de l'identité ethnolinguistique dans les paysages ruraux : l'Ontario de l'Est et le Pontiac (Québec) », *The Canadian Geographer / Le géographe canadien*, vol. 38, n° 1 (1994), p. 61-75.

POCOCK, D.C. « La géographie humaniste », dans Antoine S. Bailly, dir., *Les concepts de la géographie humaine*, Paris, Masson, coll. « Géographie », 1984, p. 139-142.

PUMAIN, D. « La dualité de la géographie québécoise », *Bulletin de l'Association des géographes francais*, 1973, p. 411-412 et 667-677.

RAWSTRON, E.M. « Three Principles of Industrial Location », *Transactions of the Institute of British Geographers*, vol. 25 (1958), p. 132-142.

RELPH, E. *Place and Placelessness*, London, Pion, 1976, 156 p.

ROCHEFORT, René. *Le travail en Sicile : étude de géographie sociale*, Paris, Presses universitaires de France, 1961, 301 p.

ROWLES, G.D. « Reflections on Experiential Field Work », dans David Ley et Marwyn S. Samuels, dir., *Humanistic Geography: Prospects and Problems*, London, Croom Helm, 1988, p. 173-193.

SMITH, Valence L., dir. *Hosts and Guests: The Anthropology of Tourism*, 2ᵉ édition, Philadelphia, University of Pennsylvania Press, 1989, 341 p.

SORRE, Max. *Rencontres de la géographie et de la sociologie*, Paris, Marcel Rivière, 1957, 213 p.

STANSFIELD, C.A., et J.E. RICKERT. « The Recreational Business District », *Journal of Leisure Studies*, vol. 2, n° 4 (1970), p. 213-225.

STEBBINS, Robert A. *The Franco-Calgarians: French Language, Leisure, and Linguistic Lifestyle in an Anglophone City*, Toronto, University of Toronto Press, 1994, 152 p.

The Globe and Mail, 5 mars 1999, p. A1 et A11.

The Miami Herald, 15 janvier 1978, p. G1 et G3.

The Tampa Tribune-Times, 24 janvier 1993, p. B2.

TREMBLAY, Rémy, et Karen O'REILLEY. « Les communautés touristiques transnationales », *Revue de Tourisme / Tourism Review*, vol. 59, n° 3 (2004), p. 21-29.

TREMBLAY, Rémy. « Géographie, espace social et communauté floribécoise », *Canadian Journal of Urban Research*, vol. 13, n° 2 (2004), p. 70-81.

TREMBLAY, Rémy. « Redécouvrir la géographie sociale », *Revue canadienne de sciences régionales*, vol. 26, n° 1 (2003a), p. 46-56.

TREMBLAY, Rémy. « Le déclin de Floribec », *Téoros*, vol. 22, n° 2 (2003b), p. 63-69.

TREMBLAY, Rémy. *Floribec ou les Québécois en vacances*, Montréal, INRS-urbanisation, culture et société, 2001, 69 p.

TREMBLAY, Rémy. « Explorer la Floride canadienne-française », dans André Fauchon, dir., *La francophonie panaméricaine : état des lieux*, Winnipeg, Presses universitaires de Saint-Boniface, 2000, p. 267-285.

TREMBLAY, Rémy. *Rapport de recherche exploratoire en Floride*, Sainte-Foy, Département de géographie, Université Laval, 1995, 14 p.

TREMBLAY, Rémy. « A Bibliography on the Social and Cultural Geography of Miami, Florida », *The Florida Geographer*, vol. 28 (1997), p. 70-78.

TUAN, Yi-Fu. *Topophilia*, Englewood Cliffs (N.J.), Prentice-Hall, 1974, 260 p.

TURMEL, André. « Le retour du concept d'institution », dans André Turmel, dir., *Culture, institution et savoir*, Sainte-Foy, Presses de l'Université Laval, coll. « CEFAN », 1996, p. 1-24.

VALENTINE, Gill. « Tell Me About Using Interviews as a Research Methodology », dans Robin Flowerdew et David Martin, dir., *Methods in Human Geography: A Guide For Students Doing a Research Project*, Essex (U.K.), Longman, 1997, p. 110-126.

National Geographic, vol. 177, n° 2 (février 1990), p. 116-117.

VIAU, Gilles. « La géographie du peuplement francophone de l'Ouest », dans J.Y. Thériault, dir., *Francophonies minoritaires au Canada. L'état des lieux*, Moncton, Éditions d'Acadie, 1999, p. 77-96.

WARREN, M. « Will Success Kill the Deco District? », *Planning (APA)*, vol. 56, n° 2 (1990), p. 21-24.

WEAVER, David B. « Model of Urban in Small Caribbean Islands », *The Geographical Review*, vol. 83, n° 2 (1993), p. 134-140.

INDEX

151 commerces floribécois, 70
7 Jours (magazine), 53

A
activités commerciales, 72
adhésion, 39
agences immobilières, 51, 62
Air Transat, 46
Alberta, 18, 123
ambiance canadienne-française, 26, 88
Amérique française, 16-19, 22, 115, 132, 140
analyse thématique des entrevues, 74
ancrages géographiques physiques, 15
années 1920-1930, 22
annonceurs, 36, 122
Annuaire de la Floride, 30, 31, 32, 35, 36, 136
assureurs, 62
attachement, 14, 78, 108, 111, 112, 121, 128, 129
aucun refus, 70
autoroute Dixie, 41, 47, 96, 110

B
Bailly, 10, 136, 140
banlieue de Miami, 8, 25, 125
Banque nationale du Canada, 61
Barriau, 4
Baxter, 10
Bernard, 56, 57

Berry, 37
besoins culturels, 22
Birnbaum's 96 Miami & Ft. Lauderdale, 7
Blancher, 74
Boardwalk, 1, 2, 41, 43, 45, 51, 52, 58-61, 63, 66, 91, 96, 110, 118, 129
Bonjour USA, 54
Bonnemaison, 40
Boswell, 23, 24, 25, 136, 137
boulevard des avocats, 84
brassage ethnique, 23
Breton, 56, 139
Bucuvalas, 25
Buttimer, 10, 11, 14

C
Caisse populaire Desjardins, 35, 46, 61, 89, 93, 129
CanadaFest, 2, 63
Cartano, 25
cartographie, 73, 96, 122
Cater, 137
centre d'informations, 63
Centre de recherche en civilisation canadienne-française (CRCCF), 4
chansonnier québécois, 59
citoyenneté, 72, 77, 78, 112, 113
CKAC (radio Montréal), 54
Clary, 5
classe
    moyenne, 24, 25, 62, 85, 117

populaire, 26, 63, 84, 85, 91, 117, 131
sociale, 91
Claval, 10, 12, 13, 18
climat subtropical, 79
cliniques médicales, 53, 61
Club canadien, 47, 60
Cluzeau, 5
cœur de Floribec, 36, 37, 65, 71, 84, 90
commerçants canadiens-français, 67, 81
commerçants floribécois, 16, 31, 46, 92, 97
communauté
    cubaine, 25
    en banlieue ou en périphérie, 116
    ethnique, 89
    touristique, 3
communications, 51, 52, 55, 122, 126
concentration de touristes, 22, 60
concordance des réponses, 71
conditions de vie, 39, 79
conflits sociaux, 14
continuité, 35, 83
Couture, 57
culture
    américaine, 87, 89, 104, 119, 121
    distincte à distance, 106
Curtis, 24, 25, 138
cycle temporel, 49

D

DAR (district d'affaires récréationnelles), 65, 66, 82, 87, 89, 91, 97, 110, 121, 122, 128, 130
délimitation territoriale, 67
dépanneur, 47, 53, 62, 63, 76, 90, 91, 107
dépaysement, 52, 126
Desjardins Federal Savings Bank, 35, 46, 61

destinations touristiques, 3, 119, 131, 132
deux cultures, 113
Deuxième Guerre mondiale, 20
Di Leonardo, 71
Di Méo, 11, 13
district d'affaires récréationnelles, *Voir* DAR
Dupont, 5, 20, 27

E

École de Chicago, 69
école vidalienne, 10
elite interviewing, 70
élite touristique, 2
émigrants et touristes, 8, 83, 119
employés bilingues, 93
entrepreneurs, 62, 89, 90
entrevues semi-dirigées, 71
environnement naturel, 80, 81
espace
    communicationnel, 38, 39, 52, 54, 55
    d'appartenance, 15
    des pratiques, 15
    ethnoculturel canadien-français, 5
    formel, 14
    social, 14, 127, 141
    vécu, 10, 71, 138
    -temps, 38, 39, 49, 51, 65
étalement urbain, 1
ethnolinguistique, 38, 55, 79, 140
ethnologie urbaine, 69
étude de cas, 37, 69, 73, 128
expérience communautaire, 71
extensions territoriales, 119
Eyles, 10-12, 71, 138

F

Faculté des arts de l'Université d'Ottawa, 4
famille italo-canadienne, 11

Farmer, 64
Floride française, loisirs, activités (FFLA), 53
Francophone international, 41, 54, 139
Frémont, 10, 11, 13
French Florida Association, 53
Frenchie's Café, 2, 45, 59, 60, 66, 130
frontières politiques, 127

G

Gaffield, 64
genre de vie, 10
géographie sociale et territoire, 11-13, 137-139, 141
George, 13
géosymboles, 40, 42, 66-68, 100, 121
Gilbert, 4, 5, 17, 20
Globe and Mail (Toronto), 118, 141
Gotman, 74
gradation sociospatiale, 100
grand Miami, 23, 35, 37
Guillon, 138

H

habitudes télévisuelles, 105
Hagerstrand, 39
Halter, 71, 138
Hérin, 12
Hérodote, 12
histoires de vie, 71
hiver canadien, 79, 80
hivernants, 5, 48, 53, 62, 65
Hoerner, 139
hors Québec, 38, 131
host-guest relationships, 131

I

identités communautaires, 124
industrie touristique, 20, 58, 65, 76, 139
Institut national de recherche scientifique (INRS), 4

Intercoastal Seaway, 66
Intercoastal Waterway, 20
interlocuteurs, 68-72, 74, 76, 128

J-K

Jackson, 12, 69, 137
Janiskee, 65
Je me souviens, 64
Jiang, 38
Johnson, 2, 7, 44, 53, 59, 60, 66, 117, 124, 130
Johnston, 12, 139
Jones, 137
Journal de Montréal, 53
juridique (services de type), 17, 61
Kalbach, 131
Kerbiriou, 4
Kropotkin, 12

L

L'Actualité, 117, 139
L'Espace géographique, 12
La Florida, 57, 137
La Presse, 53
La Tribune, 118, 139
Langlois, 38
Laurentides, 108
Le Devoir, 53, 118, 139
Le Droit (Ottawa-Hull), 53
Le Play, 12
Le Soleil (Québec), 7, 31, 32, 35, 36, 47, 53, 54, 89, 90, 118, 119, 122, 139
Le travail en Sicile, étude de géographie sociale, 13
leaders institutionnels, 122
Lewis, 122
Ley, 10, 11, 141
liens institutionnels, 106
lieux
    publics, 40

structurants, 8, 15, 16, 56, 58, 64, 67, 72, 100, 114, 115, 124-129
Little Havana, 25
localisation
   des commerçants, 27, 34, 74, 83
   des commerces, 76
Louder, 5, 17, 18, 20, 140
Lowell, 65
Lowenthal, 10
Lundi (magazine), 53

M

Maguire, 65
Maine, 80, 131
maisons mobiles, 33, 35, 47, 48, 51
Marble, 37
Marshall, 70
matchs de hockey, 80
médias
   écrits, 1, 39, 53, 117, 126
   télévisés, 104
méthode d'enquête, 11, 68, 69
Miami & South Florida Access, 7
Miami ethnique, 24
Miami Herald, 2, 8, 57, 89, 90, 141
Michel Louvain, 46
migration canadienne-française, 8
milieu de vie français, 19
minorité blanche, 5
Mitchell, 65
modèle distance-decay, 37
Mohl, 25
Moore, 140
Morissonneau, 5, 17, 19
Morse, 71
Muir, 140

N

nation, 39
National Geographic, 7, 41, 142
Noin, 138
Nolen, 118

Nouveau-Brunswick, 80
Nouvelle-Angleterre, 18, 19, 20, 64, 65, 79, 116, 139
nouvelles terres, 79

O

O'Reilley, 8, 131
observable, 51, 55
observations, 1, 10, 16, 36, 38-41, 49, 52, 57, 58, 66, 74, 76, 90, 94, 97
océan Atlantique, 40, 110
Ontario français, 17, 64, 138
paradoxes inconscients, 73

P-Q

Park, 7, 10
Parkes, 39, 138
paysage, 33, 38-41, 43, 46-49, 51, 52, 55, 65, 67, 68, 121, 125, 127
Peach, 131
Perri, 10, 11, 71
Petit Canada, 19, 65
Petit Haïti, 46, 124
Petit La Havane, 124
Petit Québec, 7, 8, 19, 26, 40, 49, 53, 60, 69, 74, 84, 98, 100, 101, 108, 110-114, 121, 124, 125, 128, 129
Phipps, 38
places publiques, 40
Pocock, 10
Prairies canadiennes, 18, 123
première vague de migration, 22
Presses de l'Université d'Ottawa, 4, 138
Presses universitaires de Saint-Boniface, 4, 141
principes de géographie sociale, 13
produits de masse, 117
profil
   des répondants, 68
   sociospatial, 69
publicité, 32, 35, 39, 53, 61, 63, 89, 90

Pumain, 140
qualité de vie, 102, 107
questionnaire, 68, 71, 98

R
Radio Floride, 54
Radio-Canada (télévision d'État), 106
raisons sociales, 40
rapports sociospatiaux, 13, 127
rapprochement spatiocommunicationnel, 126
rassemblements d'individus, 127
Rawstron, 140
récits de vie, 10, 11
Reclus, 12, 136, 138
regroupements sociaux, 115
religion, 64, 123
Relph, 10
Rencontres de la géographie et de la sociologie, 12, 141
renseignements démographiques, 72
réseau social personnel, 85
réseaux
   d'affaires, 72, 82, 92, 98, 113, 114
   d'information à distance, 106
   personnels, 97
   sociaux, 14, 55, 72, 85, 98-100, 102, 113, 130
retraités, 24, 62
Rickert, 66
Ritchie, 4
Rochefort, 12, 13
Rocher, 56
Rossman, 70
Rowles, 10, 11, 71

S
saison touristique, 51, 64, 69
Sarrazin, 57, 137
Scariati, 10
scolarité, 74, 78, 87, 106

services en français, 22, 27, 30, 32, 33, 35, 36, 52, 58, 61, 65, 111, 115
signes ethnolinguistiques, 40, 48, 49, 52
Simmons, 122
Smith, 131, 139
snowbirds, 7, 131
social space, 10
sociogéographie, 13
sociologie et géographie, 13, 138
sociologie urbaine, 10
Soleil de la Floride, 7, 31, 32, 35, 36, 47, 53, 54, 89, 90, 118, 122
Sorre, 12, 13
Spring Break, 33
Stansfield, 66
stations balnéaires, 22, 23, 65, 66, 130, 132
Stebbins, 18
structuration spatiale, 36
success story, 57
Sun Belt, 22
Sun Sentinel, 89, 118
supermarché Food Fair, 26

T-U
taken-for-granted life, 10
Tampa Tribune, 118, 141
téléromans, 54, 105
télévision
   américaine, 105
   en français, 46, 52, 105
   québécoise, 54, 105
Thrift, 39, 138
tourisme
   balnéaire de masse, 64
   québécois, 16, 20, 115, 118, 129, 130
   saisonnier, 39
traitement des données, 68
transition socioculturelle, 99
transport, 61, 62, 126

travailleurs autonomes, 62
Tremblay, 8, 11, 14, 20, 24, 130, 131
Tuan, 10
Turmel, 56, 141
TVA (télévision, réseau commercial), 105
type d'information, 68
unités de recensement, 30
Université de Chicago, 10
usines de textile, 65

V
vacancier, 59, 65, 117
   permanent, 116
Valentine, 71, 72

valeur foncière, 25
Viau, 142
Vidal de la Blache, 10, 12
vie quotidienne communautaire, 15
visibilité, 33, 35, 58
vivre en français, 58
volet analytique, 68
Von Thunen, 37

W-X
Warren, 142
Weaver, 142
Wellman, 13, 23
Woolworth, 26
XS (magazine, Fort Lauderdale), 117

CPSIA information can be obtained at www.ICGtesting.com
Printed in the USA
LVOW07s0504280314

379238LV00007BA/41/P